全国中考语文现代文阅读

"热点作家"
经典作品精选集

试卷上的作家

白水台看云

吴 然／著

张国龙／主编

延伸阅读　备战中考

适合考生做语文阅读的散文集

走进语文之美，领略阅读精髓

初中版

丰富的阅读素材

从童年往事到世间百态

从青葱校园到异域风光

开拓视野，看见世界，提升写作能力和人文素养

四川文艺出版社

图书在版编目（ＣＩＰ）数据

白水台看云 / 吴然著. —— 成都：四川文艺出版社，
2023.7
（试卷上的作家）
ISBN 978-7-5411-6706-5

Ⅰ.①白… Ⅱ.①吴… Ⅲ.①阅读课—中学—教学参
考资料 Ⅳ.①G634.333

中国国家版本馆CIP数据核字（2023）第122495号

BAISHUITAI KAN YUN

白水台看云

吴 然 著

出 品 人　谭清洁
责任编辑　朱 兰 蔡 曦
封面设计　宋双成
内文设计　宋双成
责任校对　段 敏

出版发行　四川文艺出版社（成都市锦江区三色路238号）
网　　址　www.scwys.com
电　　话　028-86361802（发行部）　028-86361781（编辑部）

排　　版　北京书香文雅图书文化有限公司
印　　刷　三河市兴国印务有限公司
成品尺寸　165mm×235mm　　　开　本　16开
印　　张　14　　　　　　　　　字　数　170千
版　　次　2023年7月第一版　　　印　次　2023年7月第一次印刷
书　　号　ISBN 978-7-5411-6706-5
定　　价　39.80元

总　序

情感和思想的写真

张国龙

　　和小说、诗歌等相比，散文与大众更为亲近。大多数人一生中或多或少会运用到散文，诸如，写作文、写信、写留言条等。和小说相比，散文大多篇幅不长，不需占用太多的读写时间；和诗歌相比，散文更为通俗易懂。一句话，散文具有草根性和平民性气质。

　　在中小学语文课本中，散文篇目体量最大。换句话说，散文是中小学语文教学不可或缺的资源。中学生所学的语文课文大多是散文；小学生初学写作文，散文便是最早的试验田。从某种意义上说，中小学作文教学就是散文教学，主要涉及记叙性散文、抒情性散文和议论性散文。在中考、高考等各类考试中，作文的写作离不开这三类散文，甚至明确规定不可以写成诗歌。可见，散文这一文体在阅读和写作中占据了举足轻重的地位。

　　然而，散文作为一种"回忆性"文体，作者需要丰富的生活经历和厚重的人生体验。散文佳作，自然离不开情感的真挚性和思想的震撼性。因此，书写少年儿童生活和展现少年儿童心灵世界的散文，无外乎两类：一是成年作家回望童年和少年时光；二是少年儿童书写成长中的自己。这两类散文可统称为"少年儿童本位散文"。显而易见，前者数量更大，作品质量更高。事实上，还有相当一部分散文作品，虽然并非以少年儿童为本位，却能被少年儿童理解、接受，能够滋养少年儿童的心灵。

这套丛书遴选了众多散文名家，每人一部作品集。这些作家作品可以分作两类。一类是主要从事儿童文学创作的作家，基于少年儿童本位创作的散文，比如吴然的《白水台看云》、安武林的《安徒生的孤独》、林彦的《星星还在北方》、张国龙的《一里路需要走多久》。另一类是主要创作大众文学的作家，虽不是专为少年儿童创作，却能被少年儿童接受的散文，比如，刘心武的《起点之美》、韩小蕙的《目标始终如一》、刘庆邦的《端灯》、曹旭的《有温度的生活》、王兆胜的《阳光心房》、杨海蒂的《杂花生树》、乔叶的《鲜花课》、林夕的《从身边最近的地方寻找快乐》、辛茜的《鸟儿细语》、张丽钧的《心壤之上，万亩花开》、安宁的《一只蚂蚁爬过春天》、朱鸿的《高考作文的命题与散文写作》、梅洁的《楼兰的忧郁》、裘山山的《相亲相爱的水》、叶倾城的《用三十年等我自己长大》、简默的《指尖花田》、尹传红的《由雪引发的科学实验》。一方面，这些作家的作品皆适合少年儿童阅读；另一方面，这些作家的某些篇章曾出现在中小学生的语文试卷上。因此，可以称他们为"试卷上的作家"。

通观上述作家的散文集，无论是否以少年儿童为本位，都着力观照内心世界，抒发主体情思，崇尚真实、自由、率性的表达。

这些散文集涉及的题材多种多样，大致可分为如下三类：

其一，日常生活类。"叙事型"和"写景状物型"散文即是。铺写"我"的童年、少年生活中真实的人、事、情、景。以记叙为主，抒情与议论点染其间。比如，刘庆邦的《十五岁的少年向往百草园》

以温润的笔触，描摹了"我"在十五岁那年拜谒鲁迅故居的点点滴滴，展现了一个乡村少年对大文豪鲁迅先生的渴慕与敬仰。安武林的《黑豆里的母亲》用简约的文字，勾勒出母亲一生的困苦、卑微和坚忍，字里行间点染着悲悯与痛惜。

其二，情感类。通常所说的"抒情型"散文属此范畴，即由现实生活中的人、事、情、景引发的喜、怒、哀、乐等。以渲染"我"的主体情思为重心，人、事、情、景等是点燃内心真情实感的导火索。比如，梅洁的《童年旧事》饱蘸深情，铺叙了童年的"我"和同班同学阿三彼此的关心。一别数十载，重逢时已物人两非。曾经有着明亮单眼皮眼睛的阿三，已被岁月淘洗成"一个沉静而冷凝的男子汉"。"我"不由得轻喟"成年的阿三不属于我的感情"。辛茜的《花生米》娓娓叙说了父亲为了让"我"能吃到珍贵的花生米，带"我"去朋友家做客，并让"我"独自留宿。一夜小别，父女似久别重逢。得知那家的阿姨并没有给"我"炸花生米吃，父亲欲说还休。多年之后的"我"，回忆起这件事仍旧如鲠在喉。

其三，性情类。"独白型"散文即是。心灵世界辽阔无边，充满了芜杂的景观。事实上，我们往往只能抵达心灵九重天的一隅。在心灵的迷宫中，有多少隐秘、幽微的意识浪花被我们忽略？外部世界再大也总会有边际，心灵世界之大却无法准确找到疆界，如同深邃莫测的时光隧道。每天一睁眼，意识就开始流动、发散，我们是否能够把内心的律动细致入微地记录下来？这必定是高难度写作。如果我们追问个体生命的具体存在状态，每一天的意识流动无疑就是我们存在的最好确证。比如，曹旭的《梦雨》惜字如金，将人的形象和物的意象有机相融，把女性和江南相连缀，物我同一。

尤其是把雨比喻成女孩，"第一次见面，你甚至不必下，我的池塘里已布满你透明的韵律"，空灵、曼妙，蕴藉了唐诗宋词的意味。乔叶的《我是一片瓦》由乡村习见的"瓦"浮想联翩，岁月倥偬，"瓦"已凝结成意象，沉入"我"的血脉，伴随我到天南海北。"瓦"是"我"写作的情结，更是另一个"我"。杨海蒂的《我去地坛，只为能与他相遇》，"我"因为喜欢史铁生的《我与地坛》而一次次去地坛，真真切切地感受史铁生的轮椅和笔触曾触摸过的一草一木。字里行间，漫溢出一个人对另一个人的体恤与爱怜、一位作家对另一位作家的仰望与珍视。或者说，一个作家文字里流淌的真性情，激活了另一个作家的率性和坦荡。

不管是铺写日常生活、表达真挚情感，还是展现率真性情，上述作品大体具有如下审美特征：

其一，真实性。从艺术表现的特质看，散文是最具"个人性"的文体，一切从自我出发。或者说，散文就是写作者的"自叙传"和"内心独白"。这就决定了散文的内容，其人、事、情、景等皆具有真实性，甚至可以一一还原。当然，真实性在散文中呈现的状态是开放、多元的，与虚假、虚构相对抗，尤其体现在表象的真实和心理的真实。不管是客观、物化的真实，还是主观、抽象的心理真实，只要是因"我"的情感涌动而吟唱出的"心底的歌"，就无碍于散文的"真"。散文的真实，大多体现为客观的真实，即"我"亲历（耳闻目睹），"我"所叙述的"场景"实实在在发生过，甚至可以找到见证人。对事件的讲述甚至具有纪实性，与事件相关的人甚至可以与"我"生活中的某人对号入座。叙写的逻辑顺序为："我"看见＋"我"听见＋"我"想到，即"我"的所见、所闻和所感，且多采取"叙述＋抒情＋议论"的表现方式。比如，林彦的《夜别枫桥》，少年的"我"先是遭遇父母离异，而后因病休学，独自客居苏州。那座始终沉默无语的枫桥，见证了"我"在苏州的数百个日日夜夜。那些萍水相逢的过客，给予了"我"终生铭记的真情。

其二，美文性。少年儿童散文通常用美的文字，再现美的生活，营造美的意境，表现美好的人情、人性和人格，是真正的"美文"。比如，吴然的《樱花信》，语言叮当如环佩，景物描写美轮美奂，读来令人神清气爽，齿唇留香。"阳光是那样柔和亮丽，薄薄的，嫩嫩的，从花枝花簇间摇落下来，一晃一晃地偷看我给你写信……饱满的花瓣，那么嫩那么丰润，似乎那绯红的汁液就要滴下来了，滴在我的信笺上了。你尽可以想象此刻圆通山的美丽。空气是清澈的，在一缕淡淡的通明的浅红中，弥漫着花的芬芳……昆明人都来看樱花，都来拜访樱花了！谁要是错过了这个芬芳绚丽的节日，谁都会遗憾，都会觉得生活中缺少了一种情调、一种明亮与温馨……"安宁的《流浪的野草》，文字素面朝天、洗尽铅华，彰显了空灵、曼妙、清丽的情思。"燕麦在高高的坡上，像一株柔弱的树苗，站在风里，注视着我们的村庄。有时，她也会背转过身去，朝着远方眺望。我猜那里是她即将前往的地方。远方有什么呢，除了大片大片的田地，或者蜿蜒曲折的河流，我完全想象不出。"

其三，趣味性。少年儿童生活色彩斑斓，充满了童真、童趣。少年儿童散文不论是写人、记事，还是抒情、言志，皆注重生动活泼、趣味盎然。与此同时，人生中的诸多真谛自然而然地流淌于字里行间，从而使文章具有超越生活的理趣，既提升了文章的境界，又能陶冶阅读者的性情。比如，王兆胜的《名人的胡须》，用瀑布、白云、大扫帚、括弧、燕子等各种事物类比各个名人各具特色的胡须。稀松平常的胡须看似可有可无，却有着不同寻常的意义。古今中外名人与胡须的逸事，读来令人莞尔，幽默、风趣的笔调里蕴含着举重若轻的哲理。张丽钧的《兰花开了18朵》，"我"时常和蝴蝶兰说话，如母亲的斥责，似闺密的呢喃，像恋人的娇嗔，满满的人间情怀里渗透着天然的机趣。"我家这株蝴蝶兰，真真是个慢性子—— 一簇花，耗费了整整66天的时间，才算是开妥了。从2月24日到5月1日，总共开了18朵花，平均3.67天开一朵。我跟她说：'亲呀亲，你可是我拉扯大的呀，咋这脾性半点儿都不随我呢？这么慢条斯理地开，你是打算把全部春光都占尽了吗？'"

　　散文创作通常与作者的亲身经历密切相关，尤其注重展现真性情，因此散文抒写的往往是个人的心灵史和情感史。这些散文作品不单是中学生写作的范本，还是教导中学生为人处世的良师益友！

2022 年 10 月 18 日

于北京师范大学

序　言

吴　然

　　这册散文集《白水台看云》，是应张国龙教授之约，为中学生读者选编的。

　　我的老家在滇东北的宣威，出有名的"宣威火腿"。但是我小时候，很难尝到火腿的味儿，我们的主食是苞谷和洋芋（土豆）。青黄不接的时候，还要掺一些山茅野菜。

　　母亲告诉我，我的名字是村里一位有学问的老先生取的。他老用拐杖在地上写了个"然"字，随口吟出，拄杖而去。进村小读书的时候，母亲对我说："儿呀，你的名字是写在地上的，你要使力读书才有出息。"我记住了母亲的话。

　　我在学堂里学会了写自己的名字。

　　但是那时候，除了课本，就没有什么书读了。

　　小时候，我更多的是读大自然这本书。我赤着脚，和小伙伴们放牛，割草，打架。有一次，我们还伙着大人打死了一条下河喝水的狼。那些年，狼太多，夜里小孩子根本不敢出门，就在火塘边听大人摆古，也就是讲些神神怪怪的故事。对我来说，这大概也是一种宝贵的文学启蒙。

后来我生病了。很早就在外面谋生的父亲，在帮人卖柴火时学会了打算盘，成为昆明一个建筑工地的会计。父亲把我接到昆明，一边治病，一边在大观小学读书。大观小学有个小小的图书借阅室，让我知道除了课本，还有许多"课外书"，并从此爱上了阅读。不久，我又随父亲工作调动，到了大理，在苍山洱海间度过了我的童年、少年时代。

上中学的时候，我萌生了对文学的热爱。我组织文学小组，彼此交换、讨论读书心得。我主编校刊《接班人》，油印文学小报，甚至向《大理日报》投稿，偶有发表就欣喜异常。

我还把课本上的一篇小说改编成话剧（我至今仍保存着这个油印的"剧本"和全体"演员"的合影），全班同学参与：有的当演员，有的跑龙套，有的为"演员"化妆、拉幕布，各司其职……哦，那是多么值得怀念的岁月！尽管当时并没有多深的文学修养，有的只是一个文学少年的虔诚。而正是这种虔诚与执着，最终引导我走上了文学创作之路。

每当我面对稿纸或电脑屏幕，跟踪童年，找回童年、少年时代那些既久远又近在眼前的时刻，都是童心的重新发现，复活了既遥远又新鲜的记忆，这成为我继续写下去的驱动力。而我的写作，正如许多儿童文学理论评论家所说的，从来没有离开过生我养我的云南这片奇异芬芳的土地，从而使我的作品晕染上了云南特有的"美丽神奇丰富"的色彩，焕发出一种新鲜的气息。

2021年10月，我和几位云南儿童文学界的朋友，赴北京参加"十月文学月"活动的"小十月文学"论坛。我在谈到儿童散文时说，散文包括儿童散文，是一个开放性的文体，本身就很有包容性。它向诗歌学习，不仅给散文注入了诗意，而且派生了散文诗和诗散文；它也谦虚地向小说借鉴，增添或者带有某种故事性，这样更利于写意、传神。散文重写实，是一种写实性的文体。但是，一切艺术包括儿童散文，都是想象的艺术。正如我常说的，树木在不同的季节总是用不同的色彩打扮自己，但它还是树木；散文也一样，它是写实的，但作为一种艺术形式，它并不排斥想象。我就常常把自己"幻化"成一个白族少年，或者是纳西族女孩等。我这里说的"幻化"，其实就是"想象"，是一种为方便叙述和表达的"虚拟"，但又不缺失生活本身的真实或者说散文的真实。比如在散文诗组《高黎贡山的声音》中，我就让"珍珠伞"、让懒猴、让小熊猫、让冬樱花，甚至让青苔，自己说自己。这里应该说都是"想象"，但这"想象"是一种站在我所写的各种动植物本身的立场（其实也是"人"或者说作者的换位思考，）从而更真实、艺术地表现这些动植物的"情感"与"心理"，传达或者说歌唱高黎贡山的生物多样性。

由此，要用多种笔墨写散文。我觉得这样的比喻很好：正如树木在不同的季节总是用不同的颜色打扮自己，但它还是树木。给少年朋友们写的散文，更不能单一，也不要拘泥于某种形式，从而给少年朋友们更多的阅读享受。

少年朋友们！我们的母语，也就是汉字，是世界上最美的文字，只有它能成为书法艺术。它的形、声、义，都充满了想象力。这就要通过大量的阅读和不断地练习写作，才能把它的美种植在自己心里，也传达给别人。写作并不神秘，关键是拿起笔来，大胆写去。

但愿你们喜欢这本《白水台看云》。

末了，我还要衷心感谢张国龙教授对我散文的青睐；感谢出版家李继勇先生，以及既敬业又专业的张静芳编辑辛劳与智慧的付出！

此外，《如水的温暖和澄澈》一文，是好友彭程为我散文写的评论。现以书评放在书中，可作为"导读"，引领少年朋友读散文。

吴　然

2021 年 11 月 24 日于昆明

书 评

如水的温暖和澄澈

——略谈吴然的散文

彭 程

"阳光是那样地柔和亮丽，薄薄的，嫩嫩的，从花枝花簇间摇落下来，一晃一晃地偷看我给你写信……饱满的花瓣，那么嫩那么丰润，似乎那绯红的汁液就要滴下来了，滴在我的信笺上了。你尽可以想象此刻圆通山的美丽。空气是清澈的，在一缕淡淡的通明的浅红中，弥漫着花的芬芳。这是樱花的节日，也是昆明人引以为骄傲的美与爱的节日。昆明人都来看樱花，都来拜访樱花了！谁要是错过了这个芬芳绚丽的节日，谁都会遗憾，都会觉得生活中缺少了一种情调、一种明亮与温馨……"

我一直认为，对于一名散文作家来说，语言如果不是最重要的评判标准，至少也是一个主要的标准。以上这段读来齿颊生香的文字，便摘自吴然的散文《樱花信》。清丽、自然、温婉，这样一些词语会很自然地跳上你的心头。读了它，谁能不神驰昆明——那座彩云之南的美丽春城？这便是美的力量，也是吴然散文的魅力之所在。

每次读到吴然散文，眼前总会浮现出这样一幅图画：一泓清澈的小溪流轻快地流淌着，明媚的阳光洒下来，将溪水照得透明，水中摇曳的荇藻，水底圆润的鹅卵石，清晰可辨。微风吹拂，泛起层层涟漪，光与影，明与暗，都淡淡的，似有似无，交织出和谐的韵律。

我不知道，这种风格的形成，是否与作家长期生息于美丽的云南有关。但他反复地、毫不厌倦地赞美、歌唱这片美丽神奇的土地，却是贯穿他众多本散文集的一条红线。《歌溪》《小鸟在歌唱》《珍珠雨》《听那风声》……一直到最新的这册《白水台看云》，字里行间，滇云大地的美丽跃然纸上。跟随他的文字，我们仿佛踏上了大理、怒江、哀牢山、西双版纳的神奇土地，闻到了山茶花的芳香，听到了淙淙的流水声，看到云南高原上透蓝的天和发亮的云。那是一种牧歌般的境界，令饱受都市生活喧嚣拥挤之苦的我们向往不已。

在多年前的《风雨花集》中，吴然说过："因为我从小生活在山村，受到美丽的云岭风光的熏染，我的心性似乎更接近于自然。每当我吹着高原的风在太阳下旅行，在自然保护区采访，心中便升腾起歌唱大自然，歌唱故乡土地的欲望。大自然的宏富与伟丽，云南边地独具特色的山水人情，使我童心跃动，情不自禁拿起笔来。"
他还说："真的，要是没有滇山云水的滋润和感召，我哪能和花朵
说悄悄话呢？"所有这些，足以印证了他灵魂投注的始终如一。但
我却要说，这是一种难得的禀赋。一时地被美景感动并不困难，任
何一个旅游者都会产生这种体验；然而数十年如一日地保持对美的
陶醉，从熟稔的风景中感受初恋般的激动，则必须要童心未泯的人
才能做到。而童心，也正是赤子之心，是一切艺术活动包括文学创
作的不竭的动力。像以往奉献给人们的多本散文集一样，这册书中
的许多篇章，像《那只红嘴鸥》《等虹渡口》《云杉坪》《白水台
看云》以及《宜良米》《苹果香》《晋宁秋色》等，让我们读后，
又一次沉浸在如诗如画的大自然中，沉浸在五彩纷呈的地域文化风
情中，被美的力量所打动。仿佛在春天的阳光下，一点点儿融化了
经年的坚冰。

　　自然风光的描摹状写之外，吴然也在大量的散文中，把笔触投
向现实生活的诸多领域，从中打捞诗情或哲思。他的散文，就其品
类来说，多样驳杂而不散。如有一本《铁门与锁》，就有杂文、随笔，
有小品、短论等。在我看来，这种不同更多也只是形式上的，而在
内涵题旨方面，仍然和自然与美一脉相承。因为这些篇章中所描写
的人情之美、生活之美、心灵情操之美、文学艺术之美，多数情形
下不正是大自然之美的一种逻辑延伸，闪现出善良、温情、仁爱之
光吗？他善于从不起眼的地方，从凡人常事中，发现不寻常的东西，

经由心灵的咀嚼，将其变为一幅幅美的剪影。像《铁门》，描摹了现实生活的一幕场景，传递了某种生存的原味，并发掘普通人心灵中的美好，以及他们对于生活的或散淡或执着的追求，令人感动，予人启迪。他的许多短小的篇章，则是通过自然法则，吟味"四季人生"的哲理内涵，并因而主张要"生活得恰如其分"。许多篇章，短小而隽永，仿佛白石老人笔下的果蔬、鱼虾，画不盈尺，却意蕴绵长。

吴然以其清丽淡雅的笔墨，将我们带入一片温婉柔美的氛围。读他的作品时，我联想到都德的《磨坊书简》，想到阿索林的散文小品，想到希梅内斯的《小银和我》以及冰心、郭风的许多隽永美文。这些早已镌刻在文学史上的杰作佳品，共同成就了一种细腻、清新、单纯、朴素的美学风范。我感觉吴然的散文是学习、师承这一派的，字里行间跳动着那样一种情韵神采。它们清澈但不浅薄，短小却非狭小，单纯却不单调。应该说，这是作家先天的性格气质和后天的艺术追求共同作用的结果。吴然自述其风格的形成时这样说："我生性柔弱。这种性格在我散文写作上的反映是，我崇尚壮美与崇高，但自觉笔力不足，只好敬而远观。我喜欢写水，写月光，写野花与树木。"（《谈谈我的散文》）其实文章之道千姿百态，并没有一定之规。大江东去，小桥流水，放歌长城，吹箫月下，各自拥有一种美的韵律。只要在其范围内臻于化境达到极致，就足以开辟出一方天地。基于对于自身气质的清醒认识，吴然为自己寻找到一条艺术之路，可谓经由自觉而贴近了自由。他的散文，完全从心里自然流淌，毫无人为的造作伪饰。他在真实言说和抒发的同时，也给予我们一份爱和真情的馈赠，温暖一直渗透到心里，仿佛春天的阳光照在身上一样。

原刊于 2001 年 11 月 7 日《中华读书报》

选载时略有改动

目录 CATALOGUE

/ 试卷作家预测演练 /

/试卷作家美文赏析/

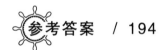

试卷作家
预测演练

小 巷

❀心灵寄语

> 小巷里的历史与故事，仿佛就是一本厚厚的书，需要我们去仔细品读。

夜里下过雨，小巷的青石板是潮湿的，在晨光的映照下，幽幽地发亮。踢踏踢踏走在小巷里，不知从谁家的院子里飘来一股栀子花的清香，不觉放慢了脚步，让栀子花那嫩白的花瓣在想象中织成错错落落的花团……

昆明的小巷，在大街和高楼后面。静静的，一种质朴的安详。鸽子从来不飞到新建的高楼去。它们喜欢小巷的老屋。瓦楞上和屋脊上，常常有鸽子的起飞或停落。燕子更是只往小巷的寻常百姓家飞转，叽叽叽的叫声是对小巷的祝福。到了冬天，紫色的叶子花仍然一堵一堵的，堆在小巷的墙头。阳光很亮。有花木的院子虽说拥挤，总被老人们收拾得干干净净。青而蓝的铺地砖很厚，墙根湿湿润润，永远长着一溜深绿的青苔。从庭院里伸出墙头的花枝，雨天会落下许多花瓣在水光莹莹的巷里。假使这时正好有位姑娘走过，斜斜地打着雨伞，轻轻地提着裙幅，你会想到戴望舒的《雨巷》吗？

听说汪曾祺那年回到昆明，下了车就去寻他当年住过的小巷。谁知给他的是一条宽敞的马路。他颇多感慨，说那角落里曾经有个马店。

是的，马店曾经在昆明占据很重要的位置。

旧时，云南交通闭塞，进入昆明的物资，大多靠人担马驮。有条小巷叫"扁担巷"，就因多住挑扁担的苦力而得其名。至于马帮"哐啷哐啷"的铃声，则在昆明的大街小巷响了好几个世纪。大约是十岁左右吧，我从乡下来到昆明。偏街小巷那些汪先生说的马店，很叫我这个山村少年惊诧和亲切。镶铺着青绿色薄石板的院子里，摆满了马驮子。马粪、马尿、马汗混合在一起的热哈哈的气味；赶马汉子的铜锣锅饭，油亮的火腿、腊肉，大碗的烧酒，给我的印象实在深。记得那时有部电影《山间铃响马帮来》，许多镜头就选自昆明郊外古老的驿路。马帮的铃声和驳杂的蹄印以及马店，从昆明的小巷里消失于何时，记不得了。也许那时我正好离开昆明，到另一个仍然有马帮、有马店的滇西小城去了。

小巷曲曲折折，似乎印记着城市的历史。石板路磨得又光又亮现出美丽的花纹，历史却变得朦朦胧胧、模模糊糊。谁还说得清为什么叫"芭蕉巷"、叫"炒豆巷"、叫"吹箫巷"呢？官人升迁、学士下狱、女人投井……小巷的种种故事与逸闻，大概也只残存于尘封的典籍或老辈人悠远的记忆中了。偶尔在巷口，看见白胡髯髯的老人指着墙上蓝底白字的巷名，给小孙女讲着遥远的过去和回答着小孙女的"为什么"，你会有怎样的感动呢？

自然，小巷用不着那么沉重。放学的小姑娘，书包顺墙根儿一放，跳起橡皮筋来，脸红红的。"四五六，四五七"，她们的歌唱，使那个在认真抄黑板报的戴眼镜的退休老会计，好几次写错了字。很少有汽车开进小巷。小巷并不寂寞。看足球比赛那晚上，家家的电视机都很响。"甜白酒——""旧衣裳换鸡蛋——""水豆腐——""有酒瓶拉罐、破铜烂铁找来卖——""打酱油——""冬蜂蜜——"小贩的叫卖声此起彼伏，巷头叫到巷尾，来来回回。孩子们总是最先知道爆米花的来了。排着队，手指头含在嘴里，就等那声爆响的快乐。夜深了，巷口羊肉汤锅炉火正红，烧豆腐的香味，久久不散。

有一次登高楼鸟瞰市容，惊异于小巷的逼仄、小巷里房屋的矮小。可是层层叠叠、密密麻麻，显示出一种壮观。分明是一幢幢高楼的基座呢！

1. 阅读《小巷》，回答下列问题。（9分）

（1）文章中的小巷是什么样的？（2分）

_____

_____

（2）本文在写小巷，为什么又提到马店？（2分）

_____

_____

（3）文章中小贩的叫卖声有什么作用？（2分）

_____

_____

（4）本文表达了作者怎样的感情？（3分）

_____

_____

2. 写作训练。（60分）

阅读《小巷》，写一写你所熟知的地方或是令你印象深刻的地方。

要求：内容真实，不能虚构，语言流畅，字数不少于800字。

洱海月

🌷 心灵寄语

> 洱海月，是我们追逐的梦想，是我们珍视的人和事，是我们曾经的自己。

水波颤颤的，浮荡着一个亮汪汪的光团。水波晃动，光团忽儿拉长，忽儿变扁，忽儿浑圆，忽儿摇碎成无数亮亮的薄片，一抖一跳地闪眼。

这是洱海月。

洱海月，嫩汪汪、水灵灵的洱海月。

在离开妈妈和妹妹的最初的那些日子里，我常常背着父亲，一个人来到洱海边或者西洱河边，看着水中的月亮，发呆，痴想。

妈妈和妹妹，这时候在做什么呢？故乡的月亮，正照着妈妈和妹妹吗？

我的故乡在滇东北的乌蒙山区。地苦山寒，乌蒙山的月亮很瘦，亮蓝亮蓝的，带着霜冻落在脸上，身子骨都会打哆嗦。妈妈总是很晚才从地里回来。我和妹妹，站在晒场的高埂子上，看见山梁垭口出现一个黑影，黑影的边缘被山月镶了一道清白的亮边，那是妈妈。她背着一捆刺柴，顶着月色从山梁上下来了。我拉紧妹妹的小手，怕她呼叫奔跑时跌跤……

故乡的月，楚楚地叫人心酸，又有一种浓浓的化解不开的柔情。

我们家原是一个大家庭，爷爷奶奶在上，中间还有叔伯婶婶。父亲为躲抓兵，很早就在外面谋生。从小，我的弱肩瘦背就要承受生活的艰辛：放牛、割草、拾粪，甚至下煤窑。为了让我上学，妈妈固执地要求分家。分给我们的住屋，是一间关过猪牛的厢房，潮湿、窄小，土墙和门枋上挂着干草和灰穗，还有永远的猪牛和粪草的气息。我终于得了肺病。在一个深秋的傍晚，我坐着牛车连夜赶往县城去乘第二天一早的汽车，到千里之外的父亲的身边去治病和读书。我忘不了妈妈和妹妹在山垭口向我挥手道别的情景。白茸茸的潮湿的月亮就在她们头上。妈妈和妹妹的身影模糊在山色中了，月亮还一直跟着我，跟着我……

月亮一直跟着我到了大理，到了洱海边。

洱海月，不也就是故乡月？

这洱海可真大。在我的故乡，有山，有河，有龙潭，也有水塘，就是没有这样大的海子。天上的云彩，苍山十九峰，苍山脚下的三塔和蛇骨塔，都映入它的水波，都荡漾在它的怀里。苍山十八溪的水跳跃相溅，也都流向洱海。洱海的水永远是清清的，蓝蓝的。我第一次看到那么多的帆，那么多的船，是在洱海。在享有大量阳光的水面上，张满帆篷的渔船，做游戏般热闹。细细听，有白族渔家姑娘和小伙子在对调子，尖细的和粗壮的歌声忽隐忽现。不时有一团一团的阳光从船上飘落水面。我辨认了好久，才弄明白那是渔民撒出的带着晶亮水珠的渔网。傍晚，片片归帆慢慢停靠湖湾，泊在我常去的那个叫波罗的小渔村。风帆降下了，桅杆、绳索、锚链、卷起的帆、滴水的竹篙、黑的鱼鹰、高挽裤腿和衣袖的渔民、整条的船……映在水里，变形成光怪陆离的曲线、影团。人们从船上卸下一箩一箩的弓鱼、鲫鱼，抬下渔网渔具。沙滩上奔跑着孩子和狗。叫喊，说笑，碰响铁瓢、水桶的声音……这暮色苍茫中的温暖与快乐呵！随后却是沉寂。炊烟唤走了人们，沙滩上只剩下我一个人。四顾茫然，痴痴地静待月出。

洱海的月亮，它什么时候出现没有个准，有早有迟，有亏有圆。人们喜欢满圆的月亮，而月亮的东升也着实动人。洱海东边，当地人习惯叫海东。海东的山，和它对面的苍山比起来，是太矮了。然而一层一层的，连绵不断，自有它的壮观。褚红色的山壁和隐约可见绿树白墙的村寨，摇闪在水里成了非常好看的图画。大木船挂着帆驶来，装载的多是建筑用的有着许多螺蛳壳的细沙和从山壁上炸取的石头，还有一船一船的"海东梨"。不论日出还是月亮东升，最先照亮的都是苍山的雪峰。日出织满天空的云霞，映照着洱海亮彩腾跃，热烈壮丽。月亮东升的素淡与明净，则正恰合我那时的心境。天色暗下去暗下去。听得见水的喧哗，看不清水的色调。海东浓黑的村寨，跳闪着橘黄的灯光、红亮的火光。群山朦胧一片，没有轮廓。山与天相连的某一处是淡淡的银白，是被粉碎的光的微微地散射。随着银白和碎光的扩展，现出一些幽蓝的山脊。当碎光合成大块的银白在清亮中略显嫩黄，仿佛有一抹透明的云絮飘然而过，大而圆的，橘黄橘黄的月亮升起来了！洱海和我一样，在静候这刹那的辉煌。它带着被月华照亮的喜悦，轻柔地波动摇晃。惊飞的水鸟，低飞着啄食波浪上的月光。我和月亮也好像只是一水之隔。闪闪浮摇的光带，从海东伸延到我面前，顺着这光的路，似乎就可以走进月宫里去。多么迷人、多么美妙的情景！我要把这洱海月的情意，告诉远方的妈妈和妹妹。我掏出口琴，声音颤颤地吹了起来。

我吹口琴是刚学的，吹得不好。只是这呜呜的声音颤悠悠的，似乎能代替我说出千言万语，似乎还能和水中的月光溶化在一起。我就吹着，吹着，月亮也就静静地听着，听着，并且给我披上光的衣裳。要不是身后突然响起的狗吠吓我一跳，我可能还要吹下去。转身看见不远处一个渔家小姑娘正在呵斥那吠叫的黑狗。我不知道小姑娘是什么时候来的，她静静地听我吹口琴怕也有一阵子了。她的问话证实了这一点儿。她问我是不是喜欢洱海，是不是还喜欢月亮？她说她见我总来洱海边，总来看月亮。"为哪样喜欢？"她眼睛亮亮地看着我。在妈妈身边蹦蹦跳跳的小姑娘，她能理解一个远离妈妈的山村少年的心境吗？我什么也没有说，只是转过身，看着洱海，看着洱海月。

但是，小姑娘对我的注意和关切，毕竟使我感动。白天我再见着她的时候，我们一个看着一个笑笑，早就认识似的。她叫柳云，一身白族装束：白的花帕和黑的发辫用红毛线相互绕缠盘在头上，紫红背心配月白领褂，怪好看的。她十来岁吧，也没上学，白天就跟父母出海打鱼，太阳晒，海风吹，脸黑红黑红的。我和柳云一家都熟了以后，有时星期天我也跟船去打鱼。坐在船上，波飞浪翻，才更感到洱海的气魄、洱海的宽广了。偶尔回来得晚，清风习习，湖月照影，又是另一番景象。渔船装满月光，装满成一条月亮船。柳云坐在船头，给我讲"望夫云"的故事，讲"玉白菜"的传说。月亮忽儿被云团抱了去，忽儿又撕裂云团钻出来。洱海一阵亮一阵暗，把柳云讲的故事弄得更是神神秘秘。我想，假如我不上学了，我就来洱海当个渔民吧，我会学会驾船、学会打鱼的。

可是不久，我考取了一所寄宿中学，到洱海边来的机会就少了。还随着年龄的增长，我对妈妈和妹妹的思念，也不那么幼稚、那么缠绵了。星期天，我也还会来找柳云，帮她晒鱼虾渔网，帮她洗船舱船板，和她用一根长竹竿抬渔网下船的时候，我把水淋水淌的渔网往我这头拉，她转回头挤着眼睛朝我做个傻傻的笑脸，那样子多像我远方的妹妹！见到柳云拘束起来，那是后来读高中的时候。柳云呢，递一把我爱吃的炒蚕豆给我，脸也会红。我们都长大了。

　　我离开大理那年是 1965 年，我没有考上大学。我不想把我的落第告诉柳云。但那天晚上我还是去了洱海边。月光自然还是那样好。呵，月光下，停靠岸边的那片樯桅林立的渔船，哪一只是柳云家的呢？那站在船头的身影，是柳云吗？洱海轻轻地摇动，一闪一跳的月光，有的仿佛已在水底沉积了多年，今晚又花瓣似的一片片一朵朵漂浮上来，闪闪地撩拨我的思绪。我掏出久违了的口琴，声音颤颤地吹起来……

　　怀着歉疚与惆怅，我离开了大理，离开了洱海。我在电站工地当工人的时候，给柳云写过一些信。过了很久，她才有一封短短的信寄给我，可那意思是叫我不要给她写信了，她字识得少，不会写回信。字里行间有一种难言的苦衷。又过了很久，她来信说她结婚了，和一个洱海边的年轻渔民……不知多少年后，我突然收到一封来自民族学院的信，夹在信里的照片，活脱脱就是二十来年前的柳云！还是那双洱海一样清纯的眼睛，还是被阳光晒得黑红的脸庞。细看信文才知道，这是写信人的照片，柳云的女儿，她来民族学院上大学了！她问我：叔叔，您还记得大理，记得洱海的月亮吗？我捧着照片和信纸，眼前晃动着银亮的水波，一条光带闪闪浮摇，沿着这光的路，可以走进圆圆的月亮！

　　不会旧不会老的洱海月呵！

▶预测演练二

1. 阅读《洱海月》，回答下列问题。（9分）

（1）为什么作者一个人来到洱海边？（3分）

_____

_____

（2）父亲为什么要离家在外谋生？（2分）

_____

_____

（3）月色下的洱海是一幅极美的图画，请你发挥想象，以导游的身份向游客介绍月下洱海。（4分）

_____

_____

2. 写作训练。（60分）

宋祁说："东城渐觉风光好，縠皱波纹迎客棹。"刘禹锡说："自古逢秋悲寂寥，我言秋日胜春朝。"李煜说："一重山，两重山，山远天高烟水寒，相思枫叶丹。"

每个人眼中都有独特的美景，请以此为题，写一篇游记，题目自拟。要求：切合题意，中心突出，内容充实，感情真挚，结构完整，条理清晰，语言流畅，书写正确工整，文面整洁。字数不少于800字。

白水台看云

🌸 心灵寄语

> 在高原的云海中，我们感受到了自然的美妙，也感受到了人与自然之间的和谐。或许，这就是我们追求的心灵自由和平静。

我们去白水台。

扎西介绍说，白水台是东巴文化的发祥地，有许多宗教圣贤们的传说和修行得道的遗迹。我对东巴文化一无所知。那些图画一样的象形文字，对我来说只有惊叹；而要了解一个敬畏鱼虫、敬畏草木的民族，只靠听听导游的解说词，坐在旅社车上跑一趟，那是绝对不可能的。我们不怀奢望，我们只是来看看白水台。

汽车转了个弯，远远的，我们看见前面山坡上的白水台了。周围的山是那么幽绿，那么青苍，在幽绿与青苍中有一大片晶白，像大山敞露的肌体，纯洁、耀眼，无与伦比！科学解释说，这是泉水中的碳酸钙在阳光作用下沉淀凝聚的结果，一个伟大的化学反应。纳西族人说的呢，那就像他们的象形文字那样富有想象、富有诗意了。他们称白水台为"释卜芝"，翻译出来就是一句诗："逐渐长大的花朵。"科学肯定是对的。纳西族人也是对的。科学有科学的解释，纳西族人有纳西族人的传说。除了诗的描绘，纳西族人又以飞腾的想象，说这是"仙人遗田"。当然，仙人在这里种的不是青稞，也不会是苞谷。

这时候，我们已经来到这朵硕大无比的"逐渐长大的花朵"上，来到仙人留下的不长庄稼只长想象的"玉埂银丘"里了。你拉来一汽车形容词吧，无论你怎样形容、赞叹都不过分，都不会有人嘲笑你的疯狂或者所谓的"酸"。你看，蜂窝似的，浮雕似的乳白的石壁间、石窝里、石板上，是怎样若有若无、美轮美奂地流着滢滢水泉啊！细柔的水丝静谧无声，温润中透着动人的凉意。你不想脱了鞋袜在上面走走？它是那样的丰满，丰满得像一朵云，一朵凝固了的云！是的，它就是一朵云，一朵凝固了的云！我惊讶我的这个发现。是白水台给了我灵感！我们站在云朵上，像仙人！这朵云也是在逐渐长大，不断变化的吧？一定是在逐渐长大，不断变化，只是我们看不见，也感觉不到罢了。然而我们看见天上的云，天上的云在不断地生长，不断地变化。呵，白水台不正是最好的观云台吗？

在高原旅行，除了扑眼而来的美景，最使你激动的是什么呢？是天上的云。请想一想，天是那样的蓝，云是那样的白，你会怎样地感动呢？你到什么地方去看这样蓝的天，这样白的云呢？况且，云们是怎样变幻着自己，怎样炫耀着自己啊！我忘不了这一路上的云，我要是能把它们速写下来，我一定是一个了不起的画家。可惜我不是。我们来看白水台的云吧！现在，就是现在，天空，当然是很蓝的天空，正好有一些云在玩游戏，一群白白胖胖的小熊，由熊阿姨领着在玩游戏。玩着玩着，小熊们和熊阿姨捉起迷藏来，忽地不见了。真的，简直是眼睁睁看着就不见了。它们躲到一团一团的戴着雪帽子的树丛里去了！熊阿姨自己也蒙了，一屁股坐在地上，把一个浑圆的背对着我们。接着，她自个儿笑了，一打滚也钻进了树丛，不见了。接着，树长成了岩石。这些珍珠色的看上去很有硬度的岩石，从内部把银光透射出来，不知为什么，兴奋得全身发抖，健康强壮地哈哈大笑，震荡山谷与森林。有人说："要下雨了！"说话间，一群骏马扬鬃而来，冲毁云的岩石，瀑布一样的大水在没有变成雨之前又冻结成冰川悬挂天边……哦，你知道白水台的后面就是威风凛凛的哈巴雪山吗？我们看到的云，说不定就是它老先生派来的呢？而在哈巴雪山和玉龙雪山之间奔腾的金沙江，也正用虎跳峡的咆哮把成群结队的云彩赶到这里来，来这里让我们一睹风采，来这里朝拜东巴圣地白水台！我不知道东巴圣贤们是不是常常在白水台看云。他们在创立东巴教的时候，他们在创造象形文字的时候，变幻无穷的天上的云，会不会给他们某种昭示呢？我不知道。我也不知道看着这些云圣贤们在想什么。我只知道高原的云，白水台的云永远也看不完、看不够。不同的季节，不同的时刻，它们是不同的。永远没有一朵相同的云。就像每一个象形字都是不同的，但组合起来就是一个世界，东巴世界。云的世界又有不同。云的世界是变化的世界，我们读不懂。我们刚才看到的只是一个童话的片段，而且还未必是。也许东巴圣贤们能读懂吧，白水台就是一朵凝固的云。

导游扎西问我们，白水台下面的白地村，建了一座东巴博物馆，要不要去看看？我们都说不去了，我们就站在白水台上看云吧，说不定我们还真能读出几个东巴象形字呢。

1.阅读《白水台看云》，回答下面的问题。（15分）

（1）文中第一段有什么作用？（2分）

_____

_____

（2）文中的"在幽绿与青苍中有一大片晶白"有哪两种解释？（3分）

_____

_____

（3）文中第四段运用了第二人称"你"，在这里有什么作用？（3分）

_____

_____

（4）联系上下文，对下面句子进行赏析。（3分）

现在，就是现在，天空，当然是很蓝的天空，正好有一些云在玩游戏，一群白白胖胖的小熊，由熊阿姨领着在玩游戏。

_____

_____

_____

（5）在本文中，作者运用了什么写作手法？（4分）

_____

_____

2. 写作训练。（60分）

阅读《白水台看云》后，是否也勾起了你对某个场景或景色的回忆。将你心中念念不忘的场景或景色讲述给大家吧。

要求：题目自拟，文体自选，内容真实，不能虚构，语言流畅，字数不少于800字。

相约普者黑

💠 心灵寄语

> 　　生活中的美好，常常是由一些平凡而温暖的瞬间组成的。或许只是一顿普通的饭菜，或许只是一次简单的旅行，但它们却能让我们的心灵得到真正的满足。让我们珍惜这些美好，让它们成为我们生命中最精彩的回忆。

　　一整个夏天，清香的荷花和四射的水光，把普者黑浸润、渲染得格外迷人。

　　你说，到了普者黑，最要紧的是游湖、赏花、打水仗。那是当然。我们是中午到的。被香风水光一撩拨，太阳加倍的热。不过饭是要吃的，"吃饱饭好打水仗！"一窝年轻人笑嚷起来。

　　早就听说普者黑水好鱼鲜，还有荷叶煎饼、清汤海菜……岂能不尝尝？在一家整洁的庭院式的小馆子点菜吃饭。煮了一大锅鱼，不放油，更不放味精，就清水煮。汤白，一小圈一小圈的油星子，来自鱼本身，和绿的葱花、黄的姜丝自自然然地浮成一幅现代派图画。鱼真的是鲜、香、嫩，特别是那鱼头，胶汁饱满地化在嘴里的那种软软的感觉，我还是第一次体验到。若在丘北糊辣子蘸水里蘸一下，又是别样的滋味，只听好辣的朋友大呼："好吃！"荷叶煎饼呢，以米面鲜荷叶调和，文火煎制而成，那一股糯香，似乎还带着普者黑的水汽。难怪主人说，多吃也不会上火。不过我还是不要多吃吧。你看，还有那么多好吃的：鸡油菌、奶浆菌、海菜煮芋头、不咸不腻的老腊肉、烤小鱼、烧泥鳅……也在诱我下箸。

好了，赶快去码头上船吧！榕树、叶子花、太阳伞装点的一条甬道，挤满了卖水瓢、水桶、水枪以及卖雨衣、凉鞋的摊子，热热闹闹的叫喊声诱惑着游客游湖打水仗。立即上船，在晃动的船上穿救生衣。

给我们撑船的是位小伙子，私下里，倒更想让那位戴着斗笠的彝家姑娘给我们撑船。你看她那一身装束：上衣是紫红、嫩蓝与粉白的布料拼接缝制，绣花圆领，在胸前以红白二色自成围腰样式。红色打底这面，黑绒布上绣有一朵朵粉红的莲花图案。白色的一边，绣了一朵蓝绿色的中国结。白色坎肩以下的袖子，在红蓝二色相接处，是水纹般的花纹图饰，红色袖口以上，黑底绣配的是一串白莲花。一条宽宽的白色花边镶嵌了黑色腰带，后缀绣着大朵的莲花，红丝线穗子恰到好处地悬垂在臀部，和绣花的红绿相间的裤子谐和为一体。她的影子摇曳在水里是那样美，而她浅浅的一笑，又是那样动人。

　　阳光铺在湖面上，融化在湖水里。我们坐在船上，坐在阳光上！天是那样蓝，云是那样白，大片大片的荷花，在碧绿的裙幅飘扬中，伸直修长的脖颈，做出优雅健美的深呼吸的体态，叫人爱怜得心疼。那淡淡的清香，就来自它们的呼吸、来自它们净洁的花瓣与绿叶吗？而此时此刻，怎么能不让你想起古人、今人写荷花的妙文佳句呢？你一定记得那些名篇美诗吧，我就不引章摘句了。水是那样清，长长地漂荡着徐志摩诗句里的油绿的青荇和水草。在阳光的照射下，青荇水草像舞蹈家一样摇晃摆动。我伸手想抓住那闪烁不定的银的金的光带，只感到一股清凉顺着手的筋脉，舒服地生长起来。就在这时，真所谓一石激起千层浪，我们的年轻的伙伴们，与另一船年轻人叫闹着打起水仗来了！水盆、水桶、水瓢、水枪在挥舞、泼洒、激射，银亮的水花，带着阳光，带着年轻的惊叫，突然飞溅迸发，让文静的荷花猝不及防地睁大了眼睛。你看这一家子，爸爸是赤膊上阵，大桶的水泼向对方；已经浑身湿透的妈妈和小女孩，正用笑声和叫喊声迎接水花的袭击……上海来的四条汉子，穿着不同颜色的印满草书的衬衫，被泼得一塌糊涂，可是在我的镜头里，他们依然笑得满脸水花！是啊，不论来自何方，到了普者黑就有一种约定：游湖、赏花、打水仗！在荷花摇曳成一派迷蒙水香的湖上的激战，一整个是淋漓尽致的青春快乐的绽放，也是普者黑柔美表情的灿烂地绽放。

　　观战的间隙，我留意到有的小船划进了荷花丛中，在热闹中隐

21

没于清凉的安静。一条小船悠悠地划过来，船主人烤好了小鱼、泥鳅，烤好了洋芋和烧豆腐，甚至还有荷叶煎饼！诱人的香味，让打水仗的人们休战片刻，在品尝普者黑湖上风味的同时，补充一点体力。

本来说好，这次你要和我们一块来。可是你突然有事，没来成。这是可以理解的。突然的事总是很突然。不过还有机会。下次，不论是"花脸节"，还是一个平常的日子，下次我们一定相约普者黑。你知道，"普者黑"彝语意为鱼虾多的湖潭。湖泊众多的普者黑，鱼虾自然很多，单是荷花，据说就有 5000 亩呢！那就说好了，下次我们划上小船，躲到莲叶荷花里去。

▶预测演练四

1. 阅读《相约普者黑》，回答下面的问题。（8分）

（1）为什么作者特意强调在普者黑最要紧的是游湖、赏花、打水仗？（3分）

_____

_____

（2）朋友为什么没有和作者一起去普者黑？（2分）

_____

_____

（3）普者黑的彝语意思是"_____的湖潭"。（1分）

（4）普者黑的湖水给人的感觉是：（　　）。（2分）

A. 清凉透明

B. 生机勃勃

C. 安静平和

D. 美丽壮观

2. 写作训练。（60分）

写一篇游记，介绍一个地方（如小城、景区、乡村等）。

要求：内容真实，不能虚构，语言流畅，字数不少于800字。

宜良米

♥ 心灵寄语

> 宜良新米的香味和口感，让人回忆起童年的味道，是那么令人怀念。每一个美好的瞬间都是独一无二的，所以我们要好好珍惜。

朋友告诉我，宜良古称"弥宜"，是彝族话，即是山谷间的平坝。我也注意到，在宜良，无论老幼，说到自己的家乡，依然把宜良称为"弥良"，说是改不过来了。这里该有多少历史的抑或民间的乡土记忆？当然要待专家去研究考证了。而水丰土沃的"山谷间的平坝"，亦即宜良坝子，则有了"滇中粮仓"的美誉。环绕这个坝子的，有北魏郦道元《水经注》里所谓"温水"的南盘江等大小河流数十条，又有明清先后开凿的"汤池渠""文公渠"，把波光粼粼的泱泱"太池"的阳宗海水东引而来，灌溉宜良，滋润宜良。宜良，"宜粮"乎？

我想起宜良稻田宜良米来了。

是一个骤雨初歇的夏天吧，我乘车经过宜良。一抹平展的暖翠大绿，占据了我惊诧的眼睛。这是宜良稻田，几乎和雨后晶蓝的天幕，和饱含水汽的山峦融为一体的稻田！胖胖的云朵船，悬浮在蓝天和绿野之间，舒服得一动不动。蜻蜓搅动着略有些水腥味的空气，亮闪闪地飞蹿。有农人戴着草帽，高挽裤腿，荷锄从田埂上走过。低头薅秧的妇女，突然直起腰来，一脸灿亮，闪过我们的车窗……

再次过宜良，已是收稻时节的秋季。夏天的暖翠大绿，换装成浓重的金黄秋衣。秋阳高照，大片的稻田反射着金沙似的光点。低垂的稻穗，显出贵妇人般的慵懒，又有一种难以抵挡的成熟的喜悦。阳光在稻毯上睡觉。在暖风的摇晃中，惊醒的阳光忍不住调皮了，孩子气般的不停地撩拨长着绒毛的稻谷。远远近近，有了挥镰收割的农人。红色、白色、蓝色的短褂以及裸露的油亮的臂膀，依然趾高气扬的稻草人，仿佛都是稻田绽放的花朵。田头地角，置放着巨大的敞口竹筐。脚踏脱粒机愉快地转动，谷粒和阳光杂乱地飞溅。新谷的清香，愉快而诗意地弥漫充盈了宜良坝子！

于是不久，宜良新米就出现在昆明的街头巷尾了。

宜良新米，以一种独特的淡淡的粉绿以及偶尔的一点稻叶的碎屑，告诉你它的新鲜与纯净。而那新米的香味儿，更是让你在掏钱买米时，忍不住要和米主人拉扯几句家常话以表达你的感谢。是的，云南有很多地方有"新米节"或"尝新节"。对昆明人来说，吃宜良新米，也许没有那么庄重、那么虔诚，也不必举行某种仪式。但是，买到的新米毕竟不多，第一顿新米饭，总是要等齐一家人来享用。特别是孩子们，说到吃新米饭，似乎就有了过年的感觉。晶莹剔透的一粒粒米，它们的滑润，它们的糯香而甜，久久地停留在你的舌头。当你起身想再去盛一碗新米饭的时候，你忍住了，还是留给老人和孩子吧。你在心里说："明年多买点儿！"

可是不知道从什么时候起，昆明街头已经见不到宜良米了。

宜良坝子正在生长高楼，生长大棚花卉和苗木。

宜良坝子稻田的暖翠大绿和浓重的金黄，那油画一样、套色木刻一样凸显的色块，正在加速消失。我的心恐慌起来。

1. 阅读《宜良米》，回答以下问题。（12分）

（1）作者为什么说"宜良，'宜粮'乎"？（2分）

_____

_____

（2）赏析文中的画线句子。（2分）

_____

_____

（3）阅读全文，文中宜良夏天和秋天的景色有什么不同？（4分）

_____

_____

（4）文章结尾说"我的心恐慌起来"，作者为什么恐慌？（4分）

_____

_____

2. 写作训练。（60分）

　　有人扛着瓦缸沿街叫卖，不小心手没有抓紧，瓦缸往后掉落，只听得"啪"的一声，瓦缸摔成了碎片。但卖缸人头也不回往前走，路人跑过来问他："为何摔破了缸却看都不看一眼？"卖缸人说："再看多少眼也不会变成完整的缸，不看也罢。"

读了上面这段文字，你有些什么样的联想和感受？请选择一个角度构思作文。

要求：立意自定，题目自拟，文体自选，写一篇不少于 800 字的文章。

逗　号 /

> 文学是永远向前的，没有句号，只有逗号。文学是一代又一代人接着走的行进式的事业，逗号就是立即起步的脚印！

中国现代文学馆的纪念章是一个逗号，一个写在稿纸方格中的逗号。

就像这枚创意新颖的纪念章一样，整座文学馆也是别具特色，民族风格浓郁，园林式建筑，典雅、神圣，又让人感到亲切。栅栏入口处，在一块重达 50 吨的天然花岗岩巨石上，镌刻着文学泰斗巴金的话："我们有个多么丰富的文学宝库，那就是多少作家留下来的杰作，它们支持我们，教育我们，鼓励我们，使自己变得更善良，更纯洁，对别人更有用。"巴老又说："我们的新文学是散播火种的文学，我从它得到温暖，也把火传给别人。"现代文学馆的建设倾注了巴老伟大而崇高的爱。文学馆展厅大门的门把上深深地蚀刻烙印着巴老的手模。就是这一双手，为中国的现代文学写下了浓重的一笔、一个巨大的逗号。

轻轻抚着巴老的手模，我们走进大厅，我们参观历史也走进历史。在常务副馆长舒乙亲自为我们讲解的时候，我忍不住东张西望。3米高的两个白瓷大花瓶上，烧印有5000位作家的签名。彩色玻璃镶嵌的壁画，分别是鲁迅、郭沫若、茅盾、巴金、老舍、曹禺几位文学大师代表作的插图。大厅一角，有供参观者休闲喝茶之所，咖啡色茶几上的乳白色的图案，由逗号组成。我忽地觉得，我周围的朋友，这些从各地汇聚到首都出席全国儿童文学创作会议的朋友们，一个个也都成了小蝌蚪似的逗号，在浩瀚的文学海洋里游来游去……

不用说，整个文学馆就是一座作家博物馆。我们在这里看到大量的据说已有40多万件不分政治观点、艺术流派和风格的，包括台湾地区及海外的中文作品和资料，有作家的手稿、书信、日记、创作笔记，还有作家用过的颇有意义的难得的实物：砚台、笔、书桌、印章、皮包、手杖等，还有萧乾那辆破旧的作为文物的单车！我们在为著名作家专门设立的"作家文库"前伫立良久，我们向他们致敬，为他们创造性的劳动，为他们贡献的无比珍贵的精神食粮。我们也捐赠了自己的书册，舒乙先生在接受这些书册时说了许多美好的话。我不知道朋友们怎么想。听着这些话，我只感到汗颜，额头上冒着细细的汗珠。走出展馆，我们在庭院里徘徊。环绕着文学馆，有鲁迅、郭沫若、茅盾、巴金、老舍、曹禺、叶圣陶、朱自清、冰心、沈从文、丁玲、艾青、赵树理13位文学巨匠惟妙惟肖的雕像，站在他们身旁，仿佛能听到他们的心跳和他们的声音。我为他们照相，我把他们装进我的心里。后来我注意到，在返回住所的汽车上，许多人都把纪念章佩戴起来了。恐怕每个人都明白，这枚逗号纪念章的象征意味。文学是永远向前的，没有句号，只有逗号。文学是一代人一代人接着走的行进式的事业，逗号就是立即起步的脚印！

这是我的一点感想，参观坐落在北京亚运村附近文学馆路45号的中国现代文学馆的一点感想。

▶预测演练六

1. 阅读《逗号》，问答下面的问题。（7分）

（1）作者为什么会觉得周围的朋友们像小蝌蚪？（2分）

_____

_____

（2）作者为什么会在走出展馆的时候，只感到汗颜，额头上冒着细细的汗珠？（3分）

_____

_____

_____

_____

（3）作者觉得逗号纪念章的象征意味是（　　）。（2分）

A. 文学是永不停止的　　　　B. 文学需要更多的创作

C. 文学需要更多的研究　　　　D. 文学是一代代人的事业

2. 写作训练。（60分）

阅读《逗号》，讲述一下生活中某些物品存在的意义与价值，或者它们都有着怎样的象征意义。

要求：题目自拟，文体自选，内容真实，不能虚构，语言流畅，字数 500~800 字。

试卷作家
美文赏析

小鸟和守林老人

☘ **心灵寄语**

> 守林老人，寒来暑往，冬去春来，与大山为伴，与精灵为伍。

起初，鸟儿们非常惊诧：怎么来了个白胡子老头儿？是捕鸟的吧？打猎的吧？不像。带了一条黑狗，可没带猎枪。老人在树林里盖了小屋，在树林里住下了。

奇怪，鸟儿们用晶亮的小眼睛彼此询问着，用它们鸟国的语言争论着。

不过，很快，鸟儿们就发现，他是个好老头儿，是它们天堂的保护神。

那天，来了一伙偷砍树木的人。老人带着黑狗，叫喊着去阻拦利斧的挥舞。激烈的争吵、黑狗的狂吠。老人展开一张布告。那伙人虽然还在吼叫，但他们终于发现：老人是一尊真正的山神。他们低下了头。

那伙人走了。老人轻轻抚摸受伤的树干，抚摸流出树脂的伤痕。

拾起从树枝上震落的鸟窝，四只雏鸟在老人手里颤抖。轻轻地，老人把鸟窝安放在树枝上，又捉来几只树虫，安慰受惊的雏鸟……

老人取得了鸟儿们的信任，鸟儿们认定他是一个"好人"！

老人走动在浓密的树荫里。白发满头，是一朵硕大的蒲公英，是一盏明亮的神灯啊！

鸟儿们开始拜访老人的小屋，叽叽喳喳，翻译出来是："您好！您好！"

老人呵呵笑着，用饭粒和爱抚招呼他的客人。一只大胆的黄色小鸟，衔着一颗草莓停落在老人的肩上。老人伸手接住了这珍贵的馈赠，接着又是一颗，又是一颗……

这一夜老人睡得很好。

时间在树叶上写了许多故事，许多故事深深地嵌进树的年轮。

老人老了，他要和每一只鸟、每一棵树告别了。

林中小屋没有升起炊烟那天，鸟儿们知道老人走了。树林里又静寂又暗淡的一天啊。

这时候，鸟儿们都来了。成百上千的鸟儿，在林中小屋上空盘旋。

鸟儿们衔着无数的花瓣、无数的绿叶。伴着阳光，树林里下了一场花瓣雨、绿叶雨。飘落的花瓣和绿叶，掩盖了林中小屋……

精彩
—赏析——

　　本文充满童趣，作者用朴素的语言，给我们讲述了一位守林老人为保护树林与鸟儿，独自一人在森林中安家。每天带着黑狗在树林里巡逻，阻止偷盗者，保护了树林，保护了鸟儿们的家，因此赢得了鸟儿们的信赖、喜爱和尊重的故事。赞美了守林老人对树林、小鸟及大自然无比热爱的情感，歌颂了小鸟和守林老人之间纯洁的感情，表达了作者期待人类与自然和谐相处的美好愿望。

——————————

滇池月色

🌸 **心灵寄语**

在月亮的陪伴下，我们能够更加深刻地体会到自然的美丽和神秘。

友朋数人，夜访海埂，说是要看看滇池月色。

四处的灯已经亮了，月亮还没有升起。一算时日，正是小雪节令。不冷，但月亮要晚点出来。滇池在轻轻晃动。蓄满水的滇池，多了几分壮阔。星星稀疏。刚从大理来的朋友说："怎么昆明的星星比大理少，也不亮。"我们说，这是因为昆明灯亮，这是因为昆明人多，这是因为昆明空气浑浊，如此等等。在我们不得要领的议论中，滇池一片哗响，浪激堤岸，月亮出来了！

浑黄的、朦胧的月亮，温柔而美，姗姗于柳丛树梢之间，浅笑在薄云轻霭之怀。不亮，不辉煌。大约也是因为昆明灯亮、人多、空气浑浊吧？月亮在平静地上升，滇池却摇波鼓浪，镀银似的波峰浪脊滚动翻卷，亮彩相溅。这即是所谓"潮汐"吧，因月亮的吸引力而涌动涨落。我不知道"海上生明月"是如何的壮观美丽，滇池对月亮东升的喜悦与热情，实在让人感动。它感谢在日落以后，明月又一次把它照亮。月亮也很高兴，用安谧的微笑，轻抚湖水。于是我们看到一片一片的月光歌唱着，闪跳着，飞翔着，弥漫了滇池。滇池也成了一个月亮，与天上的月亮深情相望。

月亮越升越高，也越来越清亮了。这大概是越来越脱离了尘世的缘故？滇池一派月华水色，正趋于平静。偶尔有几只水鸟，飞起来啄食月光。没有喧哗。月亮上的桂树和弯腰挥斧的吴刚，因月色的清幽而明晰。仿佛有伐木声传来，旷远，深沉，恒久。第一个登上月亮的美国人，口福不好，眼福也不佳，既没有喝到吴刚的桂花酒，也不曾欣赏到嫦娥广袖长舒的舞姿。他们带回一块石头，说了一些关于月亮的话。这当然是科学的真实。不过我还是喜欢有桂树，有吴刚，有嫦娥，又有玉兔的月亮。据说月亮上蕴藏着大量的铜，这倒应了古人的以铜为镜。那么月亮这面镜子，该照出世人的多少悲欢与忧乐！

不觉在滇池岸边伫立良久。回头看西山，三清阁那里，有两簇灯光，恰似睡美人的眼睛一双。深幽的树丛吸食了月光，反倒显得莽苍；而裸露的崖壁则织出一袭月光的纱幔，轻柔欲飞，很是动人。忽地想到古诗文中，有不少咏月篇章，佳词丽句，脍炙人口。不是吗，喜欢"卧听银潢泻月声"，惧怕"月黑风高杀人夜"，古人今人都是一样的呢。

不知看了滇池月色，今夜会有一片什么样的月光在梦里飞翔？

精彩
—赏析——

本文让读者仿佛身临其境，置身于滇池畔，一起观赏美丽滇池的月色。作者通过细致的描绘，将滇池的壮美和月光的温柔完美地结合在一起，使读者不仅看到了月亮和湖水的美，更感受到了大自然的魅力。此外，文章还涉及了一些历史传说和科学知识，丰富了阅读体验，增加了文章的深度和广度。简洁明了的语言、恰到好处的引用、细致入微的情感把握，表现了作者对大自然的热爱。

那只红嘴鸥

> 我们和它们之间只有"一步"之遥。

昆明的冬天是温暖的。

眼下正是所谓寒冬时节吧。可是，天空高蓝、柔亮，云朵又轻又软。路畔的小草，有的枯黄了，但有细嫩的根芽在萌生。一些树落了叶，但也有许多树保持着葱茏的绿色，而且绿得很鲜，很嫩，叶片儿很干净。吸一口清芬干爽的空气，甜津津的，叫人鼻孔发痒。看一看吧，山茶花开着，杜鹃花开着，玉兰花开着，月季花开着，连叶子花也开着！花丛中不时飞起的蝴蝶、蜜蜂，搅乱了丝丝阳光……

突然，翠湖亮洁的水面，玉带般绕城流过的盘龙江清碧的水面，飘落一片银色的瀑布！是雪花吗？昆明人太喜欢雪花了。你看小学生们仰着脸，盼望雪花亲吻他们红扑扑的脸蛋的情景是多么动人。

昆明的冬天，偶尔也会下场雪，飘几片雪花，好给昆明人一种喜悦，一种新鲜，给嘻嘻哈哈忙着照相的男男女女，留下几个珍贵的雪景镜头。而此刻，和阳光一齐飘落的银色瀑布，当然不是雪花。昆明人的脸上绽开明媚的笑容了。那和雪花一样，甚至比雪花还使他们兴奋，使他们动情的，是红嘴鸥，是从西伯利亚飞到春城昆明过冬的红嘴鸥！说来已经有好几年了，红嘴鸥总在冬天飞来，用欢快的鸣叫，赞美昆明的温暖；用银亮的飞翔，擦拭瓷器般的蓝天……昆明，因为红嘴鸥的光临而更富魅力了。然而，红嘴鸥带给这座城市的，远不止奇美的景观。它带给昆明人多少美好的感情啊！

我想起一只红嘴鸥来，是几年前红嘴鸥第一次飞临昆明的时候。不知来自何方，成千上万的红嘴鸥，雪花一样，银子一样，突然间翔集于阳光亮丽的昆明，啾啾鸣叫，穿梭翻飞在盘龙江和翠湖。人们起初惊恐，接着惊奇，惊喜！可有人脑子一转，想到这是千载难逢的生财之机。他们用昆明土话称红嘴鸥为"水鸽子"，明目张胆地捕杀这些鸟儿，想象着红烧、油炸，摆一个"水鸽子"摊子……骑车经过得胜桥那天，我看见一只被人用气枪击中的红嘴鸥。它落在水面上，拍打着受伤的翅膀，殷殷鲜血染红了洁白的羽毛，染红了一片冰凉的河水。它没有鸣叫，倒是围着它飞翔的、不忍离去的同伴，发出了痛苦的哀鸣。很多人都在桥上看着。就在持枪者拎着网兜走到河边，准备打捞他的猎获物的时候，人群中突然爆发了愤怒的吼声："混蛋！""不要脸！""残忍的家伙！"人们用诅咒的枪弹向他射击。那人惶恐了，用网兜掩着脸逃走了。那只红嘴鸥呢，已经无力扇动翅膀，它动了动脖颈，向桥上的人们看了最后一眼。它死了。河水漂载着它穿过桥洞，人们从桥这边奔到桥那边，目送它远去。一个小男孩哭了。

是不是这只红嘴鸥的死，唤起了人们的良知，我不知道。但是，就在这只鸟儿死后不久，市政府发布了保护红嘴鸥的布告。这是一张爱的布告，它贴在人们的心上。红嘴鸥一时成了昆明的"小天使"，凝聚了昆明人的爱。记得有一天气温突然下降，久违了的雪花竟纷纷扬扬飘洒起来。盘龙江畔，得胜桥头，鸥鸟和雪花一齐飞舞。这时候，许多老人，围着红围巾、戴着风雪帽的姑娘，哈出一团团热气的小伙子，还有刚刚放学的中学生、小学生，以至于值勤的民警……拥到江岸，挤到桥头，不是欣赏鸥鸟与雪花洁白的舞姿，而是把面包和馒头的碎片，把昆明人的爱和温柔，撒给风雪中的红嘴鸥！在同样的地点，前些天还有人打死红嘴鸥；而现在，人们却在喂红嘴鸥！爱的力量胜过了枪弹。我推着车，看着这一切，一任凌乱的雪花在热烘烘的脸上融化，融化……

是的，人世间有爱，有温暖，有友谊；也有和爱、和温暖、和友谊相对立的邪恶、痛苦、残忍与血泪。追寻美好的理想，追寻爱、温暖和友谊，免不了要和丑恶、残忍以及痛苦作斗争，甚至要付出血和生命。不用说，那只红嘴鸥也是为寻求爱，寻求温暖而死的。它给无知的人们以教训。此刻，当它的同伴们像银色瀑布一样如期飞临春城昆明的时候，当它的同伴们在盘龙江、翠湖和大观楼自由飞翔、悠然戏水的时候，我不能不默默地凭吊它。它赢得了人们的爱，赢得了同伴们欢乐的时刻。它是一只勇敢的鸟儿。

呵，昆明的冬天是温暖的。

精彩赏析

作者描写了"雪花"的灵动飞扬，路边小草与树的葱茏绿色，搅乱了丝丝阳光的蝴蝶、蜜蜂……这些景与物的描写，淋漓尽致地展现了这种"温暖"之所在。而那只死于枪下的红嘴鸥，死于"恶"之手的红嘴鸥，给这座城市带来的震撼，进而引发出的公民良知的觉醒与法规的介入，使得人们对这座春城之冬真正的"温暖"又有了更深切的感受。作者通过描写一只鸟与一个世界的冲突与融合的过程，表达了人与自然的和谐与共融。

苍山溪水

　　在这个五彩斑斓的世界上，有太多美好的事物值得我们去发现和欣赏。比如美丽的溪水、山峰等，它们即使只是在文字中出现，也能够通过我们的想象力和感受力，带给他人无穷的美好和感动。

　　苍山有十九峰、十八溪，"一峰一泉相萦缠"，好山、好水、好玩。这十八溪也像十九峰一样，你很难记住每一条溪水的名字，更不要说把每一条溪水都游过来了。不过，你还是可以听听这些溪水的名字：霞移溪、万花溪、锦溪、灵泉溪、白石溪、双鸳溪、梅溪、桃溪、绿玉溪、龙溪、清碧溪、莫残溪……你就从这些美丽的名字来想象溪水的美丽吧！

　　沿着玉带路，我们要经过的龙溪、清碧溪，他们是这些美丽溪水的代表，它们中间隔着苍山的最高峰马龙峰。龙溪的龙女池有七潭，传说是龙王爷的七个宝贝女儿沐浴的清池。溪水——这溪水定然散落了苍山的雪花吧，它几乎是在一壁无比巨大的整块的溪石上流淌！溪石净洁滑润，布满云纹、水纹的图案，有的被溪水冲刷出凹槽，有的旋转成深潭。透明的溪水带着雪峰的冰凉与圣洁，融化了阳光云影，融化了草树与花朵的清香，融化了鹰的飞翔与小鸟的歌唱，还融化了人们惊奇、惊喜的目光。它对人们惊乍乍的叫喊和放肆的说笑还不习惯。它似乎想起了七位龙女来沐浴的喜悦。那是月色清幽的夜晚，七位龙女披一身月光飘然而至。她们一点也不怕冷，她们冰肌玉肤，她们嬉笑着，把水花泼溅成满天星光！它还想起老熊来喝水的情景，想起麂子、山狸、小刺猬来喝水的情景……"这些家伙躲到什么地方去了呢？"它想，"它们怎么不来和这几个孩子玩呢？"龙女池说的"这几个孩子"是我们吗？我们的手脚冻得通红，我们在溪流里捡拾彩色的溪卵石，惊叫和笑声滴落在溪水里。我们坐在水潭边，静静地看着池水的笑靥，一朵杜鹃花在水面打旋，在水面上流连。我们四仰八叉地躺在光洁的溪石上，微闭了眼睛，一任阳光和树影在眼皮上撩拨和闪烁，静静地聆听溪声，聆听苍山的心跳。龙女池哟！

　　比较起来，清碧溪的名气要大得多。清碧溪早在一些古代典籍中就有记载了。明朝大旅行家徐霞客为了探访清碧溪，一脚踩滑，跌在溪中，最后终于享受到了清碧溪"漾光浮黛，照耀崖谷，午日射其中，金碧交荡，光怪得未曾有"的美景。这美景成为万古流传的《徐霞客游记》中美丽动人的一页。大理名人李元阳对清碧溪也有一番描写，说是"水出山石间，涌沸为潭，深丈许，明莹不可藏针。小石布底，累累如卵如珠，青绿白黑，丽于宝玉，错如霞绮。"我们没有那么多的佳词丽句来献给清碧溪，我们想把它的美捧起来，就像我们想把龙女池的笑靥捧起来，你知道这恐怕不可能。但是，就在它晶莹地从我们的指间回到它的碧潭和清流时，它巧妙地用无与伦比的冰凉把它的美印染在我们的心头了。我们喝着泉水，吃了馒头，还有豌豆粉蘸油辣子。溪畔的一丛杜鹃花可以做证，这简单的吃食使我们满足。从此，走到天涯海角，我们的心里都有清碧溪的水香了。这时候，一只小黑狗不知是想喝水，还是要捉水里的影子，竟一下子跳进水里，冷得它蹦到岸上就是一个"阿秋"，啊呀，满山谷都是清碧溪的笑声了！

几个美术学院的女学生，挎着画板，来清碧溪写生。水怎么画呢，水在这里是清凉的，冷冽的，而且是透明的。我们看见溪水里有许多彩色小石子，花石子晃动着像是要漂上来。有云彩从水面滑过，花石子们像是见了老鹰的小鸡，倏地躲到云影下面，而且吓得失去了光彩。云影一过去，它们又挤眉弄眼地说说笑笑了，好像有什么喜事要告诉你，又好像在逗你，叫你下去和它们玩。穿着白裙子和我们站在水边看花石子的女学生，是不是听到了花石子们的笑声和说话了？她把画板轻轻放下，挽起袖子就去捉花石子。可是怎么捉得到呢？只听她"哎哟哟"叫起来，说水咬她的手了。白嫩的手臂一下子就红起来，果真被水"咬"了。她的同伴笑说："憨包，这是从雪峰上下来的水，冰凉着呢！"又说这些花石子养在清碧溪里都成精了，哪能去捉它们，说不定它们就是李元阳、徐霞客笔下的那些花石子呢，你忍心捉它们？女学生不好意思了，笑说："那我就画它们吧！"

我们原本也想捡些花石子，看着女学生画了一阵，这个念头就彻底打消了。女学生把清碧溪的花石子画在纸上，我们就把清碧溪的花石子画在我们不会褪色的记忆里吧！

精彩
— 赏析 —

散文运用了大量的拟人、比喻等修辞手法，让读者感受到了苍山溪流的清凉、透明和美丽。同时，作者也用一些幽默的描写来增添趣味，比如"这些家伙躲到什么地方去了呢？"这句话就让人忍不住想笑。整篇散文的氛围非常轻松、愉悦，读起来很舒服。从意境方面来说，这篇散文将苍山的美丽完整地呈现在读者面前。它不仅仅是对苍山自然风光的描写，更是通过描写苍山的溪流展现出了苍山的灵魂。文中的龙女池、清碧溪都是苍山的代表，它们的美丽和清凉代表了苍山的本质，让读者感受到苍山的独特魅力。

黄杜鹃

🌷 心灵寄语

> 走在这样的小路上，让人心生感慨：生命的路途就是这样，让我们在平凡中发现美好，在枯燥中发现趣味，在困难中发现勇气。我们要学会欣赏身边的美好，让幸福像阳光一样温暖我们的内心。

从清碧溪去感通寺，有一条碎石小路。小路被人们的脚板磨得光光滑滑，显现出种种印痕花纹。在这样的小路上走走，是一种福气。也许你的脚板又磨亮了某一块石头的花纹呢！

正是山花茶、杜鹃花热闹的季节，花枝在风中乱摇，招惹你忍不住在花间徜徉流连，忍不住多看它们几眼。其实你也没有什么急事，不就是一路走、一路玩，到感通寺去喝茶吗？不用急，好好看看这些花吧，你到什么地方去看这样美的花呢？苍山上有多少种花，怕是连花卉专家们也难说清吧？单是杜鹃花，有名有姓的就有一二百种。前几年发行的杜鹃花邮票，画面上的黄杯杜鹃、马缨杜鹃、棕背杜鹃、大王杜鹃、映山红、黄杜鹃、云锦杜鹃、大树杜鹃等等，苍山上都有。只是我们未必有这样好的机缘，能够拜访到这么多的杜鹃仙子。其实就是见到了，我们又认识它们吗？能兴奋地惊喜地叫出它们的名字吗？我们的知识不够，我们还体会不到这种一下子能叫出一朵花、一棵草的幸福。这不，放眼望去，满山坡都是红的、粉的、黄的、紫的杜鹃花，开得野气、喜气，无拘无束，激情如火，把山茶花都挤到山箐里去了。我不知道就在同一片山坡上，一样的泥土，一样的山水，一样的阳光，怎么会开出不同颜色的花朵呢？是因为苍山上埋藏着大理石吗？是苍山上的溪水流淌着许许多多神奇美妙的传说吗？就说这蓬杜鹃，这蓬黄得亮极了的杜鹃花吧！我不知道它是乳黄杜鹃呢，是黄杯杜鹃呢，还是硫黄杜鹃？我就叫它黄杜鹃吧。可是我该怎样描写它可爱的黄色呢？是太阳彩绘的吗，没有这般娇嫩；是月亮赋予的吗，没有如此鲜亮。这是怎样的黄色哟，娇黄、明黄、水黄、嫩黄、乳黄、金黄，无与伦比，无可比拟，你不能把它捧在手上，你只能把它染在心里！世上怕是因了黄杜鹃，才多了一种色彩吧？你看它在风中的轻摇与颤动是那样的娇柔，云影的擦拭又给它怎样的喜悦与快乐。它招引来蜜蜂与蝴蝶。一只蜜蜂翘着屁股，令人羡慕地把头钻进花蕊；几只蝴蝶扇圆了翅膀，研究着该在哪朵花上停落。你说它的花瓣薄如蝉翼吧，它又嫩嫩地完满得要滴下水来。它的容光与美姿让人心跳,这苍山的黄杜鹃,苍山的名花哟!听说黄杜鹃在别处难得一见,它和种种颜色的杜鹃花,还有其他缤纷飞溅的野花,打扮了苍山,给苍山穿上一件春天的花衣彩衫。花儿们呢,都争着表现自己的色彩和芬芳,于是引来多少虫儿鸟儿!蜜蜂与蝴蝶不用说了,就说那些鸟儿吧。高树低枝,花间草丛,一片喜歌,一片鸟影。叫天子、大洋雀、画眉鸟们的飞翔,弹落了多少花瓣;而我们追逐咯咯咯逃跑的锦鸡,又折断了多少花枝!不过苍山并不生气。我想它一定喜欢我们像它的野花飞鸟一样,任凭我们大声叫、欢声笑、奔跑、跳跃。猛然抬头间,只见它洁白耀眼的峰峦,被花的彩波、树的绿浪簇拥着,雪光、花光、阳光和绿树与岩石的闪光互相辉映、互相渗透、互相融化,好一个圣洁美丽的世界!英国的一位教授说过:"在英国至少有一百万人知道中国云南的大理苍山,因为他们都种有美丽的大理苍山杜鹃花。"还听说一位牧羊人看见一个外国人面对杜鹃花抱头大哭,原来是胶卷照完了,他哭,哭他的国家为什么没有这样美丽的杜鹃花呀?我想这一定是真的。我们就这样带着一身的花光和花香,来到了感通寺,明明不想喝茶,也嚷着要喝茶了。

精彩
—赏析——

　　这篇散文通过对苍山上的杜鹃花的细腻描绘，使读者仿佛置身于花间，感受到春天的气息。同时，作者对自然界的美景进行了充分的展现和歌颂。从写作角度来看，这篇散文的结构紧凑，主题鲜明，情感丰富，语言生动。作者通过对细节的描写营造了美妙的意境，让读者在阅读中可以感受到春天的美好和自然的力量。同时，作者也在文中揭示了自己的情感，使文章更具有亲和力。

在美丽的大理

　　在这个繁忙的世界里，我们常常被琐事和压力淹没，忘记了生活中的美好。但是当我们停下脚步，仔细观察周围的世界，就会发现，生活中有太多值得我们感恩和珍惜的瞬间。

葛根会

　　你吃过葛根吗？味道是那样的朴素，苦凉中有一种粉粉的甜。

　　你还听说过葛根的节日吗？那是在大理，一个叫文笔村的白族小村子，每年的正月初五，也就过年那几天，村里都要举办"葛根会"。不是葛根们在一起开会，而是四村八寨的人到这里来卖葛根、买葛根、吃葛根，一个名副其实的"葛根节"。这个有趣的节日，据说远在唐朝就兴起了，和文笔村的村名一样古老，已经有1000

多年的历史。

说到文笔村的来历，就要说到塔，说到三塔寺。白族是一个崇尚文化的民族，他们称宝塔为"文笔"，是一支直指蓝天、用风云写着"天书"的巨笔。从唐代就站到今天而且还要永远站下去的有名的三塔寺，被尊称为"三文笔"。这是白族乡民神圣的祈愿，祈愿苍洱之间人杰地灵，文采焕然。大概也就在三塔站立起来的那天吧，在它的塔影下诞生了一个新的小村庄——文笔村。文笔村自然是很有翰墨书香气象的，那些悬挂着"进士"牌匾的人家，每年总是细细地把金粉大字描上一遍。此外，还有一样远近闻名，那就是葛根。

葛根会这一天，是文笔村快乐的日子。松枝搭的牌坊，散发着浓郁的清香，山茶花和杜鹃花在松枝间笑红山村的脸蛋。白族小伙子鼓着腮帮吹奏唢呐，姑娘们跳起欢乐的"霸王鞭"。吉祥与喜庆，迎接四面八方的客人。

家家都贴着大红对联，贴着门神关公、张飞、赵子龙、秦叔宝、钟馗。暗绿与鲜绿的青苔，装饰卵石垒砌的院墙，清清的泉水顺墙根流淌着山歌。大红的茶花，从墙院探出主人的热情。苍山的雪光，洱海的波光，映照得文笔村像银子一样闪着光芒！肥胖的葛根，有的贴着红纸，有的扎着红布，置放在每家门口，摆满了一条条石板小巷。

我在一位老人家的葛根面前停下来。粗粗的一筒葛根，捆在长板凳上，盖着一方湿布。板凳下放一小桶清水，说是土碱水。老人和善，粗短的花白的头发，手背上青筋毕露，寿斑点点。老人系一块蓝布围腰，旱烟锅别在腰间，操一把宽宽的大片刀，骑坐在板凳上，细细地把有着一圈一圈褐色纹路的葛根切得很薄，在小水桶里蘸一下，装在塑料袋里，连同他温和的笑影，一齐递给我……

也不知为什么，文笔村的葛根这么嫩，这么苦凉，又这么甜？是不是大唐的工匠和南诏（唐朝时期大理的地方政权）的工匠，他们在建造三塔的时候，一同栽种了这些葛根，还是生长在苍山下洱海边的葛根，给他们解过渴，也给他们治过病，而柔软的藤茎，还为他们编过筐、拧过绳，坚韧的茎皮为他们织过布、做过衣？于是他们建的塔雄伟壮丽，屹立千年，成为白族心中的"文笔"！于是这里的葛根是这样的嫩，这样的苦凉又这样的甜！

一定是这样了。你看一张写着"大唐葛根"的红纸，吸引了许多人！我也挤了进去。门庭古旧，六角形青砖的门墙上，镶嵌着典雅的大理石画屏。红纸下，一位白族大妈和一个穿着扎染对襟衣裳的小伙子，正忙着切葛根。小伙子说，他家祖上是建造三塔的大唐工匠，三塔建成，工匠老祖在大理上门成家，墙院角落就有了一棵葛根。这祖传下来的葛根，不就是"大唐葛根"吗？不用小伙子说，人们已经纷纷掏钱品尝浸在葛根里的大唐风味了。

在一眼水井边，我碰到从西安来的女孩杨萍。趁春节放长假，她和爸爸妈妈跑到大理来玩。我是在古城上拍照时和她认识的。她说："嗨，帮忙按一下！"我接过相机，为他们一家子一连拍了好几张，她一再地说谢谢，并且告诉我她的名字，告诉我她已经在读初三了。我也把我们学校告诉了她。在热热闹闹的"葛根会"上我们居然又碰到了。

"嗨——"杨萍摇着手里的红塑料袋向我打招呼，我也举着手里的葛根回应她。"来，"杨萍兴奋地说，"尝尝我的'大唐葛根'！""好呀，你就尝我的'南诏葛根'吧！"我们交换吃着彼此的葛根。杨萍问我知不知道西安的小雁塔，我说知道，小雁塔和三塔的主塔，它们都是唐代之物呢。我们抬眼看着高耸的三塔，而在低头的当儿，我们都看见了井水里年少的影子……

旅游团队的小黄旗把杨萍召唤走了。走到转拐处，她突然回过头，向我摇着红塑料袋说："嗨，我会给你写信的……"

石板小巷，把杨萍的话放大了好几倍，久久地伴着葛根苦凉的甜味。

雕 梅

小元的哥哥讨新媳妇了，新媳妇要请乡亲们吃雕梅了！

雕梅，你吃过吗？

它有点甜，还有一小点点酸；它化在嘴里，这甜这酸很久很久都不散，直到后来成为一种记忆，一种越来越新鲜越来越向往的回忆。它就是——雕梅。

雕梅的制作很有趣，除了工艺，那就是情意，深深的浓浓的情意了。

冬天，雪花约着梅花，一块儿来到梅树的枝头。雪融化了。梅树枝头的梅花因此更晶莹、更皎洁、更清香。春天还没有来临。只有最勇敢的蜜蜂来拜访。当桃花在春风里欢笑的时候，它毛茸茸的果实，也在感谢春阳的温暖。

五月来了，初夏的雨对梅子来说是有热力的酒。它们可爱的脸蛋，嫩黄中略带晕红，醉意朦胧中做着成熟的梦。

后来，它们就听到了姑娘们的歌声和笑声……姑娘们来摘梅子了！

这动人的情景出现在小元的家乡，大理一个盛产梅子的地方。这里有许多梅子箐，满箐的梅林，掩映着清凉的溪水。

在姑娘们的笑声里，梅子被摘来了。精心挑拣出来的梅子，先撒上些盐末，"逼"出酸涩味，再用清石灰水浸泡半日，把水汽晾干后，丢一颗在嘴里，那份酸甜，肯定使姑娘们想起了自己心目中的小伙子，她们脸红红的，拿起了小巧别致的雕刀。所有的思念、向往、害羞的心跳和祝福，都握在手上了，握成一把小小的心灵的雕刀。

这是小元家乡的风俗。白族姑娘在出嫁之前，呈献给婆家的见面礼，一定有一盘姑娘亲手制作的雕梅。花轿抬进门，拜了天地拜高堂，在唢呐声里，夫妻对拜。这时候，新媳妇就要在挂着红灯笼的天井里"摆果酒"，招待邻里亲朋和远方的客人了。各式各样的点心、甜品摆了一桌，让人们眼睛发亮的是雕梅。看看雕梅，又看看新媳妇，然后轻轻挑一朵放在嘴里。雕梅的形状、色泽和味道，把新媳妇是不是心灵手巧，一下子就留在了各自的心里。难怪姑娘们是那样地看重雕梅。对她们来说，不需要等到当新媳妇这一天，才知道一朵小小的雕梅的分量。天生丽质的梅子似乎就是她们自己。她们懂得如何雕制。她们的小刀在梅子上滑行，细密地雕刻出种种美丽的花纹。花纹由曲线组成，像水波、像旋涡、像风的影子，连续不断。从花纹空隙处慢慢挤出梅核的时候，巧手的姑娘们又是那样的小心，绝不会碰断一根花纹。空如灯笼的梅朵轻轻压扁之后，梅花结成的梅子，奇妙得像一盏菊花！然后装入砂罐，用蜂蜜和红糖密封浸渍。几个月后打开砂罐，那一朵朵金红透明的雕梅，浸渍的已经不仅仅是蜜糖了！

这一天，小元家是那样的热闹，那样的喜气！新媳妇又漂亮，又逗人喜欢。小元真高兴，他听到人们称赞雕梅做得好，味道也好。那是在称赞哥哥的新媳妇，称赞他的嫂嫂啊！

"马的士"

我们从湾桥坐马车去喜洲。

湾桥是一个白族村庄，公路穿村而过。路边有些铺面，卖扎染、卖杂货，还有个小书店，小邮政所。树荫下，也有一些卖凉粉、卖水果的摊子。最多的是彩篷马车。这种马车流行于云南各地，大理特别多，人称"马的士"。三排座位，可以坐六七个人。我们都说坐回"马的"玩玩，怪有乡村情调的。

这条路是通往西藏的有名的滇藏公路，因为新修了高速路，在它路面上跑的车辆就少了。"马的"一看，高兴得不得了，乘虚而入，大行其道。

马上有几个"马的哥"走过来，笑眯眯地揽生意。

我们坐上了一架不太花哨的"马的"，条件是随时可以停车。"的哥"的手指头做着数钞票的动作，眼睛还是笑眯眯的。我们说当然会另加钱。他放心了，一抖缰绳，青灰马笼头上的铃铛"当啷当啷"地响，"马的"就一簸一摇地开车了。

我们的这位"的哥"是个瘦高汉子，40多岁年纪，戴顶旧草帽，灰布衣裳罩一件深色扎染褂褂。请问："贵姓？"他说："免贵姓段。"又问："真的有座'弯桥'吗？""有啊，就在前面。"他说着，扬鞭一挥，"马的""哐哐哐"狂跑起来，我们赶紧抓住扶手。在一阵乱喊乱叫中，我们体验了一次失重感，随着"马的"倏地掉落下来似的，从一个圆弧形的沟底冲过。等车速减缓下来，"的哥"用鞭杆推推草帽，不无得意地说："这就是弯桥！"

"停车停车，快停车！"我们边叫边跳下车来，折回头去再走一回弯桥。弯桥是用大块大块的花岗石镶嵌的，车碾水冲，光滑的石面上已经有许多裂痕凹痕。"的哥"在树荫下等我们。对我们的大惊小怪，他肯定有点儿好笑。回到车上，"的哥"告诉我们，水少的季节，沟水从涵洞里流走，发大水的时候，水就从"桥上"流淌。多么聪明的设计！

这是一次小小的刺激。我们都兴奋起来。

我们的兴奋，显然感染了公路两边高大的上了年纪的杨树。它们也"哗哗哗"地笑着，议论说好久没有见过这么多像小娃娃一样好玩的人了。

"马的""哐当""哐当"地慢慢跑着。放眼看去，苍山太高、太大，有一种唯我独尊的严肃。好看的是路两边的田地、水渠、树和村庄。快要成熟的麦子在风中摇曳，有时轻轻地荡漾如波浪；有时却疯狂地摇成旋涡，像快乐的非洲人跳起了草裙舞。蚕豆已经被割倒在地，它们的青春养育了一粒粒豆子，现在它们发黑的叶子被太阳无情地晒着。蚕豆被运走的空地上有黄牛、黑马在吃草，鸟儿飞起来，翅膀扇着亮亮的阳光。嫩秧田的鲜绿，无与伦比！撒稻种时就委派当了守护神的稻草人，依然骄傲地站在秧田中间，丑得可笑又可爱，神灵活现地照看着娇滴滴的、满身都是水香气的秧苗小姑娘们。公路下边的土路上，迎面走来一辆拉青草的马车，一个四五岁的白族小姑娘，花一样坐在青草堆上，只顾吹着手里的蒲公英。一匹娇憨的小毛驴，走在车后边，天生丽质，优雅可人，走出一种回头率很高的时装步。几个年轻妇女在满是卵石的溪流里，又说又笑地洗衣裳，红红绿绿的衣裳，晾晒在野蔷薇、苦刺花和茸茸的草埫上。田边地角，都是田地主人劳作的身影。背厩肥的、挑水桶的、割草的，还有犁地的——一根栎木架在两头牛的肩头上——一种古老的叫"二牛抬杠"的耕作方式。粉墙青瓦的村庄后面，洱海反射着大片大片的阳光。晒场上、天井里，勤劳的白族妇女甩着连枷打蚕豆，孩子们在墙脚做着玩豆豆的游戏，而一团粉绿色的糠尘，则笼罩着粉碎机的轰响……

所有这一切，都不能不叫我们喊"停车"。

"的哥"总是耐心地笑眯眯地等着我们，青灰马就有些不高兴了。看到同伴们驾着车，"哐哐哐"地从旁边跑过，它简直不堪忍受它们那种得意扬扬的神气，似乎觉得连欢响的铃声也是一种明目张胆的嘲笑。它气得把眼睛闭起来，心里却在骂："这几个啰唆的怪人！"我们自然也有点不好意思了，赶紧上车，望喜洲那两棵巨大的风水树而去。

我向"的哥"暗示想过一把赶车的瘾，"的哥"看看前后无车，让我坐到了他的位置上。马先生显然还在生我们的气，很不情愿地迈着步子。我刚要挥鞭，它早有准备似的，"嘣嘣嘣"一串马屁放过来，我猝不及防，险些被马屁射翻，一车人则笑得差点晕了过去。

今晚我们住喜洲

我问老爸今晚我们住哪儿，老爸说住喜洲。

这是初夏的傍晚。太阳的余晖，从苍山上散射下来，给喜洲小镇打上金红的底色。高高矮矮的白墙、黄墙，大片大片的灰瓦、红瓦，还有绿的菜地，绿的树；还有跑动的车，走动的人、马、牛和狗，全都闪着金属的光泽，熠熠生辉！我大大地惊奇了。

让我非常非常惊奇的，还有村头的两棵大青树，也就是白族供奉的风水树。听说一棵是公的，一棵是母的。两棵树都是一样的繁茂、壮实，我无法分辨它们的性别。圆弧形的树冠，一直闪耀着亮亮的金绿色，太阳落山了，它们才稳重地穿起墨绿的衣装。这时候，从洱海边，从池塘和水沟边，飞来一大群白鹭鸶，"吱欧吱欧"地围着大树鸣叫、盘旋，颤颤悠悠地落在树顶上。两棵大树，两棵慈爱的大树轻轻地摇晃起来，举着满树洁白的鸟儿、洁白的花朵，轻轻地摇晃起来，摇晃起来……摇得我少年的心痒酥酥地激动！

就这样，我和老爸老妈，还有一些叔叔阿姨，来到了喜洲小镇。

喜洲的特点就在眼前，两个字：古典。喜洲人把这两个字写成一院一院的白族民居。这些民居现在被当作文物保护起来。人们来喜洲就是来看这些文物。喜洲民居集中了白族建筑的精华，是一座白族民居博物馆。据说这种叫作"三坊一照壁""四合五天井"的气势非凡的宅院，在喜洲就有80多座！

我不懂建筑，老爸老妈也只会赞叹。我在四边都连通了的"走马转角楼"的楼板上，"咣咣咣"地跑来跑去；老妈却从圆的或方的雕花窗棂伸出头来，像当年的房东大小姐一样，笑嘻嘻地让老爸照相。这种庭院，由三间两层带厦的房屋和照壁围成，正中的堂屋比两边的房屋高；最奇妙的是，主房和边房相交处，各有一个露出蓝天的"漏角天井"，组成一大一小的三个院落，这就叫"三坊一照壁"了。"四合五天井"呢，四个天井（院子）是由四方带厦房屋组成的，中间的天井最大，每两房相交也各有一个漏角天井，共四个，加起来正好是"四合五天井"。我想一定是白族非常喜欢小娃娃，好让他们玩躲猫猫，才盖出有这么多小天井的房子吧？

还有，喜洲民居最讲究门楼、照壁、门窗、花枋、山墙的装饰。青山石砌的大门基座，门楼飞檐翘角，层层镂刻精雕，敷色彩绘，富丽堂皇。大门总安排在院子的一角，绝不正对堂屋。正对堂屋的是一堵粉墙，也就是照壁。照壁大多砌成一高两低，又是挑檐飞角，又是青瓦盖顶，正中或大书一个"福"字，或镶嵌大理石画屏，四周勾画出或方或圆，或是扇形的图案。门窗采用名贵的云木、红椿、楸木、乌木，雕刻金鸡富贵、喜上眉梢、麒麟呈祥这些民间图案。山墙用白灰粉刷，再画上云纹、如意纹、莲花纹、菱花纹。用老爸的话说，这些宅院，"每一幢都是古朴典雅的图画般的美学组合"。

我们这个大院进，那个大院出，向我们打开的每一扇格子门和雕花窗棂，连同镶在地上、墙上的石板青砖，都是被岁月涂上灵光的艺术品！有的门窗，油漆和金粉虽然脱落了，但也掩不住昔日的光彩，掩不住人们对它的昔日辉煌的想象。更让我惊奇的是，我们参观的"严家院"以及我们住了一晚的"董家院"，与"三坊一照壁""四合五天井"相连的，还建了雅致的西式小楼：洁白的大理石圆柱、半圆形露台、瓶形栏杆、百叶窗、抽水马桶等等，应有尽有。宅院的主人，想必都是见过世面的人物。导游小姐说，是的，他们都是大商人。她说，喜洲出商人，出许多大商人。有名有姓有就有140多人。民间有这样的谚语："马走铃响，喜洲富商。"说的是当年喜洲的大商人们，把生意做到了外省，也做到了外国。马帮的铃声一响，白花花的银子就驮回来了。接着一幢一幢的民居就盖起来。又接着这些民居都成了重点保护的文物。

喜洲的夜晚是美丽的、生动的，也是安静的。淡黄的、乳白的、浅蓝的、微红微紫的各色灯光，从那些雕花门窗映射出来，晶莹剔透，奇美无比。我们住的"董家院"，现在叫"田庄宾馆"。它是一位叫董澄农的先生在1942年建的，后来捐献给了政府。喜洲这些有名的深宅大院，建的时间都不长，大多在20世纪的三四十年代。董家院高大宽敞，住的客人并不多。空气潮湿，像要下雨。花木静静地长着、开着。老实说，我一个人是不敢上那些"漏角天井"里去的。钻在被窝里，我想起我们进村时，喜洲小镇那金属般的闪亮；想起一公一母的风水树上，停落了许多洁白的鸟儿……听着窗外夏虫喊哩喊哩的弹唱，我又禁不住想，这宅院原先的主人家，他们现在在哪里呢？

精彩
——赏析——

　　这篇散文抒写了作者对旅行时所见、所闻和感悟，语言流畅，情感真挚。作者以诗意的笔触，描绘了大自然的美丽以及人与自然的和谐共处。文章中运用了许多修辞手法，如比喻、拟人、对比等，使文章更加生动、形象。同时，文章也注重细节的描写，如对白族民居的构造和装饰的详细描绘，让读者更加深入地了解这个古老的民族。

———————

小路通向碧塔海

🌸 心灵寄语

> 人生就像这片草甸，有时候你会陷进泥潭，但只要你勇敢地拔脚，就会发现终点不远。相信自己，继续前行，你会发现更美妙的风景在等待着你。

去碧塔海的路已经修好，沥青路面，光洁平整。旅行车一直可以开到海拔 4000 米的马鞍山垭口，然后你就沿着杉木栈道走吧，一会儿就到湖边了。

可是我不由得怀念起几年前走过的那条小路来，那条通往碧塔海的小路哟！

汽车只把我们送到硕多冈河边。小路在河对面。河上没有桥。来自雪山的硕多冈河，歌唱着雪山和冰川，哗啦啦，哗啦啦，扬起的浪花带着逼人的寒气。我们每个人手里拿着棍子，是韧性很好的牛筋木，用来当拐杖。我们看着河水面面相觑。向导拉木看看我们，说了声"下河吧"，"咚"地就跳到河里，居然不脱鞋袜，也不挽裤脚，这就奇了。"下呀！"他见我们七高八矮地还站着不动，有点吃惊，脸上的笑容却很生动。这笑容鼓励了我们，心想跟着他不会错。"嗵"，"嗵"，"嗵"，我们都往河里跳。"哎哟哟，冰凉死啦"！我们又是叫又是笑，把河水的浪都掀高了。水倒不深，但很急，要不是拉木一把抓住，我险些滑倒了。拉木叫大家一个拉着一个，互相帮衬着，这才上了岸。一看，没路呀，在河对岸看到的一闪一闪的"小路"，其实是一条从老林里流出来的小溪。拉木说，这就是路呀，朋友们，水路！原来如此，不用脱鞋，也不用挽裤脚，反正是水路。拉木显然是对的。在硕多冈河打过"冰冻预防针"，走进小溪流，一点不冷，反倒觉得暖和了。

溪流两边都是粗壮而挺拔的大树。我的知识不够，分不清云杉和冷杉有什么不同。它们同样那么高大、挺拔，它们扁细的叶子，如果说有什么细微的差别，恐怕也只有植物学家才能分辨。它们的树身，都穿着得体的深绿或灰绿的青苔的衣裳。你说奇妙不奇妙，甚至连绣在它们衣裳上的一朵一朵粉白粉白的图案，都几乎看不出两样，还不要说在它们枝叶上一飘一飘的"树胡子"了。至于"红豆杉"——这名字多有情味呀！取名字的大概是一位诗人吧？你看它，完全就是女孩子的体态。那种害羞的情形，使它显得更可爱了。它亭亭玉立，健美如做艺术体操的姑娘。我不知道，它是不是云杉和冷杉的女儿？白桦树当然也很漂亮，这些美少年不像红豆杉那样沉得住气，它们"哗啦""哗啦"笑着，和栎树、枫树讲一些让红豆杉害羞的话。还有松树啦，箭竹啦，高山杜鹃啦，水冬瓜啦，刺蓬和荆条啦，等等，种类繁多，葱茏茂密。流水潺潺，空气湿润，交错的树枝树梢，伴有一缕一缕的云雾。被绿色浸染的云雾，泛着淡紫与淡蓝，溪谷里满是丰润的蓝光紫影。走在这样的溪谷里，你能不想起一些美丽的诗句吗？"隐隐听到溪水，潺潺地流进了林荫，轻轻呼吸的，是叶子上沉睡的微风"。这是普希金的诗句，这是少年普希金为皇甫中学写的诗句。而此刻，我们正走在他的诗句里，轻轻地呼吸叶子上沉睡的微风，还有醒着的云雾、草木、林苔、野花、山菌散发的香气。我们时而故意溅起许多水花和笑声，时而又走到草地上，仔细欣赏一朵珍珠花或是点地梅。阳光从林隙和薄雾中筛洒下来，给落了枯枝树叶的草地和厚厚的苔藓增添鲜姿亮采。一点也不张扬的野花静静地开着，菌子从树脚旁和草窝里长出来，尾巴毛茸茸的小松鼠蹿来蹿去。自然老朽的大树在一个月夜或是起风的早晨，伴着一场暴雨轰然倒下。它倒在溪流里，倒在草丛间，倒在另一棵年轻的树上……覆敷其上的青苔依然保持盎然的绿色，兰草、幼树在它身上萌生新鲜的生命。我们小心地从它身上跨过，挥着手中的棍子，打掉黏着蚊虫翅膀的亮晶晶蛛网。

这时候，从长满栎树、双盾木、齿叶忍冬灌木丛的灰绿山坡上，传来一阵歌声："松茸哟松茸，你不要躲起来，山神告诉我你躲藏的地方，我闻到了你的芳香……"我们遇到几个采松茸的藏族少年了。我们和他们打招呼，他们跑下来，兴奋地和我们走在一起。少年们的登山鞋也全湿了。他们挎着熊皮袋还提着竹篮，一根光滑的木棍，一把银壳藏刀，把他们装扮成武士的模样。他们都采到了松茸，有的多点，有的少点。一个戴着长舌藏帽的少年把他的松茸给我看。土灰的菌柄，胖胖的，粗壮结实；菌顶小而圆，绒帽似的。整朵松茸浑如襁褓中的宝宝，睡得正熟，它怎么知道很快就要成为人们餐桌上的佳肴了呢？我可怜起松茸宝宝来。不过也许它们是喜欢让人采拾的。在山林里，用不了几天它们的生命就会结束，何不让人采走，接受人们的赞美呢？我拿起一朵松茸，凑在鼻子上闻闻，有一股带腥味的新鲜的泥土气息。我问少年，一天能拾到多少松茸。他们说，拾松茸的太多了，松茸越来越少，一天能拾到一两窝就算运气好了。和少年分手后，我们都想拾到几朵松茸，眼睛在草窝里、树脚旁搜寻。可惜山神不告诉我们松茸躲藏的地方，松茸宝宝见我们与之擦身而过，说不定还"咕咕咕"好笑呢！

　　你可能以为，我们走在互拱成荫的林间小路上，走在溪水里，一定会有些冷吧？其实才不冷呢。脚和腿且不说，也许倒真是麻木了，身上却实实在在地冒出了细汗。这大概因为林间空气湿度大，汗气不易挥发之故，加之我们是溯流而上，坡不大却要费点儿脚劲。正觉得有点儿累，迎面吹来一股凉风，又是花香又是草香的，接着眼前豁然一亮，一大片草甸就在我们面前，我们走出原始老林了！

这是怎样的一片草甸哟！我目测一下，草甸约两公里宽，四五公里长，两边是墨绿的杉树林的剪影，迎面越过马鞍山垭口，银光闪闪的哈巴雪山端坐蓝天下。这是怎样的一片草甸哟！纤纤细草，茸茸的，很整齐，整齐得像刚修剪过。谁修剪的呢？谁有这样伟大的力量呢？当然只有大自然，神圣的大自然了。整个草甸敞露着，那么亮，仿佛不是太阳照亮了它，倒好像阳光是从一根根细草上长出来的！花呢，红色、黄色、紫色，还有白色、蓝色的，满地都是。它们各自显示自己最原始最自然的魅力。同样是紫色吧，紫色报春不仅和紫花百合不同，和紫色绿绒蒿、紫色翠雀花、紫色金莲花、紫色马先蒿们也不同。或是色泽色调上，或是深浅浓淡上，都不同。譬如紫色绿绒蒿的"紫色"显得雍容华贵，紫得娇嫩，紫得沉稳而宁静；紫花百合呢，那"紫色"就野气了，像簇簇火苗抖跳着，燃烧着。至于花容花貌，当然各不相同。更为奇特的是，同样一种花，比如红景天吧，有红色、黄色、淡黄色等等，花朵的颜色不同，香气也就迥异。我不明白，难道说颜色本身也散发出不同的香味吗？还有，有的花喜欢伙在一起开放，有的则只愿意自个儿孤芳自赏，难道花们也有自己的个性、爱好吗？不知道，真的不知道。一下子面对这么一大片美得让人心跳的草甸，我真不知道该怎么办才好，不知道该怎样欣赏。至于我们要从草甸上走过去，我更是想都不敢想。

又是拉木，又是拉木第一个走上草甸。他告诉我们，要沿着小水沟走，不要去踩"草墩子"，更不能走出水冒泡的地方。原来，草甸里有许多沼泽地，美丽的外表下面，暗藏着不可思议的凶险！事实上，草甸上的小路并不好走，但是作为一种经验却很有意思，很好玩。走在草甸上，就像走在海绵上似的，软绵绵的，一弹一弹地，提脚慢了就会陷下去。因为踩得不踏实，提脚反倒费力。一开始图好玩，"吧唧吧唧"走得满得意。不一会儿，腿就软了，提脚很费劲，太阳又没遮没拦地晒着，身上就冒汗了。停是不敢停的，想歇歇气，只能在水沟里找落脚处，站一会儿；要是坐下去，一屁股都是水，不行。然而藏族人却有本事赶着马帮走草甸，藏狗汪汪汪叫着，马帮的铃铛"哐啷哐啷"响着，居然从草甸上走过去了。我暗自想，怕也不会那么危险吧？我这样想着，看看冒着一嘟噜、一嘟噜黑水的草丛，忍不住一脚就踩下去——"啊"，我大叫起来，一只脚早已陷到大腿！拉木跑过来，叫我不要慌，把棍子递给我，"嘿"的一声，把我给拽了出来。登山鞋呢，拔脱在稀泥潭里留作纪念了。幸好拉木事先就叫我们多准备一双鞋子，这下果真派上了用场。意外的惊吓，使大家兴奋起来，那只留在泥潭里的鞋子则成为旅途的谈资。随后，我们走出了草甸，坐下来歇气、喝水、吃东西。看着草甸，看着被密蒙树林掩蔽的小路，不禁豪情满怀，一鼓作气登上马鞍山垭口，说说笑笑，望碧塔海而去……

今天，我们从白水台回来，赶到碧塔海已是夕阳西下时分。我冲到垭口，俯瞰云霞笼罩的草甸，俯瞰秋色淋漓的树林和远山，怀想那段难忘的美妙的行程，一种少有的激动溢满心间。而那只陷在泥潭里的爬山鞋呢，会变成化石吗？

精彩赏析

这篇散文通过描写作者在向导的带领下，和同伴一起走过一片美丽的草甸的所见所闻，展现了大自然的壮美和神奇。作者巧妙地运用了多种描写手法，如景物描写、人物描写、对话描写等，生动形象地展现了自然景象，让读者身临其境，感受大自然的美妙和神奇。作者还在文中深入思考了人与自然的关系，表达了对自然的敬畏和赞美之情。整篇散文情感真挚，意境深远，令人陶醉。

纳帕海

🌸 **心灵寄语**

> 在这个季节更迭的世界中，我们总是能够在不经意间发现美好。或许是草地上阳光的温热，或许是秋色中的柔和。但无论是哪一种，都值得我们去感知、去品味，去生活中寻找这些美好的瞬间。

纳帕海在中甸县城西北角，距县城只有八公里。

纳帕海，藏语称为"纳帕措"，汉语意为"森林背后的湖"。

可是湖边的森林早就不见了。问一位咂着烟的牧人，他说他也不知道森林是什么时候就不见了，不过他指着一座山说，以前山上有大树！眼前，周围没有大树没有森林的纳帕海，宽广而单薄，带着草腥味的湖水，似乎经不住太阳和风很有耐心地一点一点地品尝了。

事实上湖水离山脚已经很远，还有一片沼泽水洼隔着。这里的人早已备下马匹，让你骑马进湖。当然，是要出钱的，而且要价不低。那也不用犹豫，老远地来，不就图好玩吗？上马吧！

看到藏族的汉子，还有少男少女信马由缰，叫笑奔驰，真是羡慕死啦，心痒痒地，总想也一试身手。可是骑上马心就虚了。马是好马，典型的藏马，又配了鞍子和毯子，骑在上面还是害怕。怕马认生，一个尥蹶子把自己给摔下来；又怕马失前蹄，自己跟着栽跟斗。给我牵马的是一个把青黑长袍捩在腰间、裤腿卷得高高的干瘦老头儿。他简单交代一下骑马的要领，手如何抓牢缰绳，腿如何夹紧马肚，身子如何坐稳，脚如何蹬牢脚镫，还不等我明白，把缰绳往我手里一塞，朝马屁股上拍了一巴掌，马就跑起来。我吓得大喊大叫，他"嘿嘿"地笑了，我觉得过了好一阵他才"吁——"的一声，赶过来地抓过缰绳牵着马走进水洼。五六匹马吧唧吧唧地走在水洼里，泥水溅得老高，"要是现在掉下马来就糟了！"我心里想着，两手紧紧抓住马鞍子，也不管溅在身上的泥水，连糊住眼镜片都不敢揩。过了水洼子，走上一片干草地，算是看到茫茫一片的纳帕海了。水面光光的、平平的，一块一块的蓝天、一团一团的白云落在水里，不动。淡蓝和淡紫的纹带浸润在一起，很好看。远处是灰蓝的山，山脚是藏族人家暗白色的土掌房。一派长天秋水气象。原以为要在这里玩玩，殊不知连马都不下，说是照张相片就算到此一游了。一个泥脚泥手的姑娘，不由分说，把我的照相机拿过去，很老练地给我来了一张。于是，朋友们互相看看，掉转马头，打着哈哈得胜回朝……

扎西告诉我，纳帕海是黑颈鹤越冬的好地方。他说，这些高贵珍奇的鸟儿，一到冬天就结伴而来，和灰雁、斑头雁、灰鹤们嬉戏相乐。湖里的黄蚬、小鱼、蝌蚪，还有浅水里的根芽，是黑颈鹤的美食。雪后的早晨，黑颈鹤们常常会排成一排，"哥安，哥安"地鸣叫，也不知是做早操，还是观雪景，长长的细脖子、黑黑的小脑袋，有的高，有的低。"就像五线谱上的音符！"扎西说，这是一位女画家打的比喻。多么奇妙，多么诗意，唤起我无边的想象。可惜我们来得不是时候，季节还没有到。季节是不可跨越的。季节既不可阻挡也不能挽留。是一声蛙鸣，一声鸟唱，还是花朵的含苞、草叶的萎黄，给季节送来请柬，或为它发布更换的消息吧？而此刻，纳帕海秋光四溢，正是另一番情调。

事实上，秋天的纳帕海，美的不是水，而是草，无所不在的草！

偌大一片草场，浅浅地黄，茸茸地亮，大片大片的阳光铺在上面，晒着。暗暗的云影，想把阳光揩掉，揩掉一片，又露出一片；揩到牦牛身上，揩到羊群身上，揩到青稞架上，还是揩不掉。牦牛和羊群，还有马，只顾低着头吃草。我怀疑它们是用唇吻嗅触秋阳的芳香，嗅触大地发酵的气味。牛粪、羊屎点缀在草地上。草地是暖和的。白天草叶们仍然舒服地晒着太阳；只在夜里，草叶们才挤缩在一起抵挡霜冻的寒气，听虫儿凄切地鸣叫直到天明。可爱的草啊！我们坐在上面，眯着眼睛享受阳光和芳香，禁不住打起滚来，草叶就淋漓尽致地沾了一头一身。

以一排篱笆为背景，我们拍了许多照片。可是我想，摄影只能留下部分景致，却删除了画面以外的美景，况且秋色无论如何也装不进我们的照相机，无论如何。

秋色就在纳帕海。

精彩赏析

这篇散文通过描写纳帕海及其周边的景色和人物，向读者展示了一个充满诗意的世界。作者以饱满的情感和细腻的笔触，将大自然和人文融为一体，构成了一幅细腻而又丰富的画卷。散文语言简洁、流畅，情感真挚，读来让人感到心旷神怡。

云杉坪

🌸 **心灵寄语**

　　在我们纷繁复杂的生活中，常常会被琐碎的事情所困扰，而忘记了内心深处的那份感动。但当我们置身大自然之中，仰望高山流水，聆听风声鸟语，那份感动便会重新苏醒，带给我们内心的平静与宁静。让我们不忘初心，时刻保持对自然的敬畏之心，感恩生命中的每一个美好瞬间。

　　出丽江城，沿一条笔直的沥青路北行。十数公里后，岔入林区便道，不时有满载原木的卡车，带着树脂的清香迎面而过。隐隐听见水声，但见谷底波飞浪翻。此河名曰"白水河"。过河，转弯，上坡，一院青砖瓦房，即是玉龙雪山自然保护区云杉坪管理所。站在院里顺山谷看去，玉龙雪山主峰扇子陡，俨然像一柄打开的折扇，仙风道骨，立于苍穹。

　　酽酽地喝了两盅茶，年轻的副所长说是陪我上云杉坪去，我自是高兴。

副所长姓和，纳西族，30来岁，当过猎人，也当过兵。身板壮实，脸膛微黑，鹰一样锐利的目光，说话时眉毛一跳一跳的，牙齿白而亮。我们顺一个慢坡，穿行林间。他折了根树枝，驱赶嗡嗡乱飞的花翅膀苍蝇和尖嘴蠓虫，打掉树棵间的蜘蛛网。小和似乎对每一棵树、每一丛花都熟悉。他拍着一棵铁杉树干，仰望树冠自顾笑道："看，又长高了。"摘了一朵淡紫色的小花，抚弄着细细柔柔的草茎称赞道："这是一味止泻良药，叫'隔山消'。"我接过来凑在鼻子上，闻到一股草香。"还在山那边，闻到这草药味，肚子就不泻了。不信吗？"我笑他那神秘率真的样子。这样说笑着，上到高度超过3000米的地段，我也不感到怎么气喘。

玉龙雪山是横断山脉地区的典型代表，单是属国家重点保护的珍稀濒危动物就有几十种，如滇金丝猴、云豹、金猫、雪豹、藏马鸡等。我问："能见到这些动物吗？"小和说："哪来那么多？随便就能见到，还用专门保护？"他那口气，多少有点讥笑我的不懂事理，也在强调他们工作的重要。"那么，"我问他，"偷猎、偷伐的多不多？""倒也不多。"小和说着，把森林望远镜递给我。我把远处的树、花、蓝天和雪峰拉到面前来细细欣赏。"就我们几个人，满山跑也管不过来，得靠'法'。"小和说得很真切。"怕的还是火，眼前这片原始杉林，我们是立了军令状要管好的。"叫小和气愤的是，总有人躲着，藏着带火种进山。倒不是要有意放火烧山，怕的是万一。说话间，我们走进了挺拔的高贵的原始云杉林。腐叶味、湿气和苔藓草木的清香混合在一起，弥漫了杉林。"树胡子"粉丝云絮一般披挂在枝叶间，随风抖动。我扯下一缕，细读那悠长的岁月。

走出杉林，便是云杉坪。

一大片茸茸草甸。草色黄绿，亮亮的野花在风中乱摇。黄牛、黑牛、白羊和狗，阳光从它们的背脊上泻下来。牧人的笛声，颤颤地，落在绿绒蒿蓝色的花瓣上。成熟的草莓的香味，因草甸周围都是高大的云杉而难以飘散，浓得有点醉人。云杉林有一种亘古不变的静穆。在雪峰的映衬下幽绿、苍青、伟丽。从来没有见过这样整齐这样美的林带。这林带和玉龙雪山融为一体，成为玉龙雪山无与伦比的镶边裙幅。主峰扇子陡雪峰犀利如剑，激闪着一层薄薄的清冷的光。铁青的岩石上，一颗颗雪粒晶莹绿亮。一两云雾，带着雪峰那面的金沙江的涛声升起来，在峰脊与雪冠间稍事停留，旋即融化在蓝得又酽又亮的天空。厚厚的松松的积雪，填满山崖的皱褶与沟谷。我的视线被杉林遮住而回到云杉坪，回到草甸，最后凝注在一堵白色的断壁和一堆掩于杂花丛草的乱石上。小和告诉我，那是当年两位上海女知青的住屋。早就听说有这么两个女知青在云杉坪办气象站，待了七八年呢。我没有当过知青，此刻却无端地激动。是崇敬，是羡慕，还是慨叹？说不清。我朝断壁和乱石走去。

石头是洁白的。草和花在乱石间恣意生长。风吹拂着断墙上的藤蔓，吹不走两个姑娘的气息。我感到那墙角的灰烬还是烫的。我在石缝里捡到一小块镜片。这一定是姑娘的破碎的镜子。它曾经照过姑娘的容颜。那是怎样年轻的容颜和身影啊！她们年复一年忍受强烈的紫外线辐射，忍受高山反应，记录风速、温度和雨量。当空中旋转着雪花的风涛，当雪花像雪峰坍塌下来，凶猛地扑向云杉坪，她们哭过吗？夜里，有狼来打搅她们吗？她们幻想登上玉龙雪山的峰巅，眺望东海之滨的亲人吗？小和说，她们走了，气象站撤了，房子也倒了。小和的神情悒悒的。我不知道她们叫什么名字。小和不知道，坐在石头上咂烟的牧人说，他也不知道。不过他说，他记得她们，他在石头房子里喝过茶。

牧人的话使我感动。我陷入某种思绪之中，忽地感到从雪峰和云杉林的梢头，有冷冽而清新的风吹来。

精彩
——赏析——

　　散文的语言简洁明了，行文流畅，通过作者的描写，读者可以清晰地感受到云杉坪的美，以及管理所和小和副所长的工作状态。作者的描写深入浅出，富有细节感，比如小和驱赶花翅膀苍蝇和尖嘴蠓虫，打掉树棵间的蜘蛛网等，读者能够感受到作者对自然的细致观察和深入了解。同时，作者还通过小和和牧人的对话，透露出该地区对自然资源保护的重视和管理的严格。整篇散文情感真挚，表达了作者对云杉坪的景色和历史的深深感受，读者能够通过作者的笔触，感悟到散文所传递的自然与人文的和谐之美。

————————

等虹渡口

🌸 **心灵寄语**

> 沉浸在自然美景中，我们不仅仅是在欣赏风景，更是在感受生命的意义。当我们放慢脚步，静下心来，才能真正领悟到生命的美好和珍贵。

人们说，来到云南的瑞丽，不去瑞丽江边看看，等于没有到瑞丽。可是我只能在这里停留一天，已经买了明早七点去盈江的车票。慌忙火急地逛街看市容，等想起还没有去瑞丽江边看看，已是夕阳西沉时分。赶快租辆单车，又买了几个蛋清饼，蹬车直奔等虹渡口。

好一条瑞丽江！江水嫩黄，漫漫而来。渡口这里宽约二三百米。一条细长的渡船横在修竹低垂的岸边。有人在江边垂钓。一群傣族姑娘、傣族大嫂，在竹筒搭的架子上洗衣服，说笑声伴着捶打衣物的声音。太阳已经落山，一天云锦，瑰丽无比，映在江里，抖抖晃晃。从上游漂下一叶小船。那远处，是墙垛似的凤尾竹，江水茫茫，银亮一片。近了，近了，船上站着一个傣家姑娘，竹篙一根，点拨行船。许是仙女吧，小船过后，一江彩霞尽收，江面澄碧，接着暗淡下来。暮色苍茫中，徐徐江风，江面更有一种壮阔的气势，流水拍击岸边，"哗哗"作响。

　　不知什么时候，垂钓者已经收起钓竿；洗衣服的姑娘和大嫂已经离去。天黑下来了。沿江的住家，亮起了电灯，灯光映在水里，一跳一跳的。江边的一家小酒馆摆开了桌面，穿短裤的小男孩把火炉扇得通红，火炉上炖着卤牛肉。好香啊，两个小伙子走了过去。听得见江那边缅甸寨子里人喊狗咬。突然，对面江岸上烧起一堆一堆的篝火，红而且亮。有人在火堆边闪过来、闪过去，像是孩子们。我们这边，也相应地燃起了火堆，也是红而且亮。一位追赶小猪的老人告诉我，那是为渡船烧火引航。呵，是这样。我伫立江边，看着中缅两国的火光怎样无比快乐地跳跃着，映在同一条江流里。江水翻着金红金红的波浪，像无数红亮的花朵。火光闪闪，慢慢地接近、接近，终于连成一条金红金红的光带。我庆幸我看到了如此瑰美的情景，我庆幸我沉浸在瑞丽江畔诗一般动人的境界中。我欣赏着，任想象自由驰骋。这时来了六七个缅甸生意人。他们说的是傣话，夹杂着几句汉话。卸下箩筐什么的，他们到小酒馆坐下，要了酒，要了卤牛肉、豆腐和鱼，吃喝起来。我原想等他们吃喝完了，看看他们如何摆渡过江。只见江对面一束火把照耀着，一条渡船正悠悠然然划过来。那是我们的同胞，走亲戚回来了吧？还是新媳妇到娘家来？火把映在江中，越来越亮，看得见划船的，也看得见坐船的，不一会儿渡船靠岸了。船家跳下岸，拴牢缆绳，举着火把绕了几绕，告诉江那边，平安无事。抱着鸡，提着蛋，用竹篓挎着小猪的人们，下船上岸。我差点和他们"呵呵呵"地叫起来，和江那边送行的人打招呼，和江那边送行的人告别。当江那边，也传来"呵呵呵"的叫声时，我心满意足地推上单车，跟着这群还在兴奋中的人们离开江边回旅馆去。

再见了，瑞丽江。有机会我再来欣赏你清晨的美，欣赏你晴天或雨天的美。

精彩
—— **赏**析 ——

这篇文章描述了作者在瑞丽游玩的经历。作者通过鲜活的场景描写和生动的语言，让读者仿佛身临其境地感受到瑞丽江边的美丽和活力。文章的语言朴实自然，不刻意浮夸，给人以亲切感和真实感。作者将自己的感受和想象融合在了文章中，增强了文章的情感共鸣和感染力。值得一提的是，文章中的描写并不是单纯地在表现美景，也通过对人物和细节的描绘，展现了当地人的生活场景和文化特色，丰富了文章的内涵和意义。总的来说，这篇文章富有感染力和生命力，让读者感受到了作者的情感和对生活的热爱。

我们去香格里拉

心灵寄语

> 在这个世界里，我们可以看到很多美好的事物，感受到很多美好的情感。我们要用心去体验这些美好，让它们成为我们生命中的一部分，给我们带来力量和启示。

我们去"香格里拉"，我们去迪庆高原！雪山、草原、森林、湖水、峡谷、蓝天、白云、青稞架；芳香的阳光、火红的狼毒、经幡和寺院，牦牛和羊群……美景、美景，无数的美景，神奇的美景，召唤我们，吸引我们，我们呼朋唤友，直奔香格里拉！

香格里拉机场

防晒霜带上了，毛衣带上了，绒裤带上了，照相机也带上了！

早上五点，准时起床，五点半前往昆明巫家坝机场，六点五十分登机，七点十分起飞。——哈，四十五分钟，一杯咖啡还没有喝几口，说到就到了！空姐用怪好听的声音招呼大家："请系好安全带，飞机很快就要降落在中甸香格里拉机场。"九年前我第一次去中甸，整整坐了两天汽车，虽然一路上有美丽的风景相伴，但是颠簸的时间一长，就昏昏沉沉地想睡觉了。这回坐上飞机，呼的一下就到了，屁股都没有坐热乎呢。机舱里一片嗡嗡声，是惊奇，是惊喜。上飞机的激动还没有平息，下飞机的兴奋又高昂起来，一个个嘴在笑，脸在笑，眼睛在笑，伸着脖子往窗外瞧——

一片片薄雾飞过，一朵朵白云飘过……

"雪山！雪山！"

"草原！牦牛！"

在姑娘们和小伙子们的欢叫中，飞机已经稳稳地降落了。空姐报告说："地面温度8℃。"我朝同伴笑笑，潜台词是：怎么样，毛衣带对了，绒裤也带对了吧？

机场不大，是新的，1999年5月才通航。用汉文和藏文写的"香格里拉机场"几个字，怎么看都是笑眯眯的、欢天喜地的。特别是那藏文，就像藏族姑娘在蓝天白云下长袖飘飘，翩翩起舞。许多人在摄影留念。到处是藏族姑娘鲜艳的身影，到处响着她们悦耳的笑声。旅行社派来接我们的小伙子，好帅哟！他，鼻梁高而直，眼睛大而亮，头戴火红的狐皮帽，脚穿短统藏式靴；白丝绸镶锦缎的齐腰短衬衫，一条红、蓝、绿、青、紫等七色条纹编织的大花带，把圆领宽袖的"楚巴"长袍围系在腰间；嵌满银花的佩刀，潇洒地垂挂在右臀。嗬，真是英俊呀！他双手一合，对我们笑着说："扎西德勒！"我们也笑着向他说："扎西德勒！"这是我们学会的第一句藏话，意思是"吉祥如意"。在他介绍说他叫"扎西"的时候，我闻到一股酥油味。这酥油味告诉我，我们来到香格里拉，来到迪庆高原了！于是，扎西带领我们坐上一辆旅行车，一曲《美丽的香格里拉》就把我们送进了迪庆藏族自治州首府——中甸。

阳 光

遍地阳光！遍地阳光！中甸城里，遍地是跳跃的、明亮的、快乐的阳光！

一条大街又直又长，新盖的房子，油漆很亮；年轻的街树，披着阳光的衣裳小姑娘似的腼腆。它们还不习惯站在街边看人来人往。它们以前生活在一大片山坡上，那里经常有羊群，有藏狗，有牧人的笛声，还有一条从雪山上流下来的小河，在热情地唱着欢快的歌……后来就像你知道的，它们来到这座城市，规规矩矩地站成一排；阳光和它们嬉戏，它们的影子，早上在西，傍晚在东。这是一座快乐的城市，有点野气的城市。它们喜欢这座城市，只是还不习惯。它们睡不着觉。夜深了，很多人还在跳舞，围成圆圈跳舞。圆圈很大，有时候把它们都圈进去了。还有喝醉的人，抱着酒瓶在它们身旁打鼾……它们喜欢跳舞，那是和风，和阳光起舞。

这时候，杉树们轻轻摇晃着枝叶。它们，还有我，看见一群藏族姑娘说着笑着走来了！粉红的、翠绿的、洁白的长袖彩绸衫，不卷边的裙袍缀满红红绿绿的穗条，彩虹似的"帮稿"（藏语，意为"围腰"或"围裙"。有羊毛的和锦缎的两种，红、橙、黄、绿、蓝、靛、紫，七色横条纹相间）系在腰前，七色丝线和发辫盘缠在头上，玛瑙项链，银色"嘎呜"（护身符）……姑娘们每走一步，都掀起一片彩色的阳光，而她们身上都是阳光"哗哗"的歌唱！

一阵马蹄"嘚嘚"，踏碎朵朵阳光，藏族汉子骑马而过。狐狸皮帽下，油黑脸庞，张口白牙，灼热的目光射向姑娘们。姑娘们害羞了，被紫外线染在脸上的"高原红"，红得更鲜更艳了！汉子野野地乐了，一声呼哨，策马而奔，黑色藏袍被风扬起，如鹰飞翔。

三五巡山人，喷着酒气，高视阔步。他们，毡帽上插着羽毛，长枪上的刺刀和镶银腰刀一闪一闪地亮；大黄狗呼前跑后，汪汪汪几声，如同在山谷震响，正在挑选包银木碗的外地人，惊得嘴巴都张成了一只木碗。从雕花彩绘的藏式窗口，有姑娘探出身子，"哦——呵呵"一声长喊。巡山人朝她笑，她朝巡山人笑。

外国旅行者背着鼓鼓的行囊，照相机的快门忙个不停。一位老奶奶走进镜头了，耳鬓的一缕银发，冰川似的挂在老人被岁月耕耘的脸上。她牦牛般的背脊，背着柳条背篓，背篓里坐一个头发蓬乱的小女孩。小女孩眼睛蓝黑，被太阳晒熟的脸蛋，红红的，沾着污垢。她玩着一把蓝色的小花，把花瓣上的阳光一朵一朵扯下来。老人摇着转经筒，摇着旋转的嗡嗡作响的阳光，没牙的厚厚的嘴巴嚅动着，把"六字真言"念诵成对佛的虔诚。老人是要到松赞林寺去朝佛吧，是去请活佛为女孩摩顶祈祷吧？旅行者在照相机镜头里读着圣洁与神秘……

我和一棵嫩绿的小杉树，一起欣赏中甸的街景。时近中午，秋阳理直气壮地热起来。小杉树因为不能为我遮阳，有点难为情。我却看见许多人围着一个帽摊买帽子，披着暗红袈裟的小喇嘛不戴帽子，也拿着那些好看的帽子左看右看。"我也去买一顶！"我向小杉树"拜拜"，买了一顶太阳帽，把中甸的阳光戴在头上……

精彩赏析

这篇散文描写了作者在中甸旅游时的所见所感，展现了壮丽的山水风景和丰富的藏文化。作者运用语言、动作、环境等描写方式，将所见所闻所感生动形象地呈现在读者眼前，使读者能够身临其境地感受到作者所描述的景象。此外，作者通过对不同人物的描绘，如藏族姑娘、藏族汉子、外国旅行者、老奶奶等，展现了中甸不同群体的生活和文化特征。整篇文章情感饱满，充满了作者对中甸的热爱和向往。

从中甸去德钦

❀ 心灵寄语

> 无论是雪山流泉，还是高山灌丛，都是我们想象中的美好。但是，我们更应该珍惜眼前的美好。

美景处处

在地图上，中甸和德钦都只是个小圆圈。两个小圆圈之间有一条红线相连，这条红线是有名的滇藏公路。红线到了德钦，继续往前延伸，就到西藏了。我多次看着地图，把这条红线想象成真实的滇藏公路，但是无论怎样发挥超级想象，地图上的滇藏公路都真实不起来。最好是去跑一趟。这个梦想的实现就像我们常说的"好事多磨"，直到今天才算大功告成！我们已经来到中甸，来到红线的此端，去红线的彼端，就待发动汽车了。

上车前，扎西说最好带几袋氧气，说得大家有点紧张。当然还是乖乖地听他的话为妙，有备无患，"晴带雨伞"嘛。我们立即在宾馆交押金，买了四袋氧气。于是，上车，上车。车轮碾碎严霜，出城向北，直奔德钦。十多分钟后，路过纳帕海。两天前已"到此一游"，留下一些骑马轶事。此刻，晨雾中的纳帕海有一种恬静之美。开车的张师傅见多不怪，不容我们多看，油门一轰，说"美景一路都是"，就向纳帕海说拜拜了。

真的，美景一路都是。你看秋天给这个山谷涂抹了多么灿烂的色彩！红黄红黄的，像火，是三角枫，还是火槭树？它们照亮了山谷，照亮了杉林满山的墨绿。不是已经到深秋了吗？冷杉们怎么又发出新枝嫩叶来？柔柔的，淡黄淡黄的，像幼儿园的孩子们一样可爱和娇气。白桦树呢，也总是那么逗人喜爱，粉白的树干戴着一圈一圈浅黑的镯子，女孩子一样地爱打扮。它们金箔似的叶片上下翻动，阳光一闪一闪的，是摇着风铃儿和我们打招呼呢，还是和旁边的杨桦树在讲故事？我忍不住和它们招招手，也不知它们看见没有？山谷里显然有溪涧在歌唱。溪水的眼睛在树丛间闪烁。一条瀑水从山岩上飞泻而下，为山谷平添一道耀眼白光。开阔谷地上的藏族村落，有白塔，有玛尼堆，红黄蓝三色经幡悠悠拂动。泥顶白墙的土掌房，散落在青稞地上。青稞架上，黄黄的，晾晒着青稞。碧绿的菜地、黑的牦牛、白的羊和枣红的马，柔暖的阳光、不动的云和蓝的天，一派温静的祥和，一幅干净的油画。当这幅画渐淡渐远的时候，路边有一个路牌，上面写着"西尼"两个字。这是一个村庄的名字，这个名字概括了一大片村庄。远处是一些淡蓝而紫的大山，近处是藏族传统的房舍。起伏的拱丘，曲线柔和细腻；草色浅黄，点缀着几头牦牛，还有马，还有羊和狗。藏女如花，衣裙鲜艳地骑在马上，和我们的汽车迎面而过，男士们欢呼着向她招手。秋天的最后几株向日葵，洋溢着饱满的金黄；山坡上的一溜松树，针叶浓绿油亮……

高原的阳光，以至高无上的权威君临一切。我们不得不把窗帘拉上，挡住紫外线的进攻，一些美景也就被挡在了窗外。这种遗憾和损失是无法弥补的，你或许只有这一次，再没有第二次和它们相见的机会了。每次忍不住把窗帘拉开，都是一声声惊叹。这次令我吃惊的是，我们的汽车正在下坡，正走在让司机和乘客都害怕的险路上。弯多路窄，一边是陡峭的山壁，一边是万丈深渊，真正的万丈深渊！看一眼都让人目眩，但是你又不能不看。就在所谓的深渊下面，居然神话般地出现一些藏式土掌房，而房顶上又居然闪着耀眼的金黄！是什么黄得这样纯粹、黄得这样亮丽、黄得这样温暖迷人呢？直到汽车下到谷底，我们才惊奇地发现，是苞谷，是藏民晒在房顶上的苞谷！太不可思议了，藏民怎么会采用如此独特的方式来展示秋天的色彩和他们对生活的热爱呢？这是深山峡谷中的一个小村庄，可爱美丽的小村庄。一条碧清的山溪从村旁流过，杨柳依依，一派江南情调。大概是贪看这世外的小桥流水吧，一辆白色小卡车，竟然险些冲进溪流，一个轮子高悬着，似吓傻后瞪着的眼睛。我们的车子"轰轰"开过去的时候，见一些藏民抬的抬、推的推，在帮着小车脱险。我们一路谈着，感叹着。车出峡谷，眼睛一亮，一条大江已经横在面前，扎西叫起来："金沙江！"一车人都站起来，向金沙江欢呼，向金沙江致敬！

金沙江

金沙江，名不虚传的金沙江！江水黄亮，漫漫而来，它并不嚣张，大江无声是也。然而，一种凛然高贵的不可替代的非凡的气度，让你肃然起敬。两岸是高耸的裸露的大山，风化的岩石轰然滚落，还没有到江边就撞成粉末，随风而飞。大江傲慢地擦着泥石流的裙边流过，目不斜视，逝者如斯。伏龙桥头的路标指示：此岸为四川德荣县，彼岸即云南德钦县的奔子栏，滇川两省，在这里以江为界。

伏龙桥是一座大跨度的公路桥，旁边的钢索吊桥虽然已经废置不用，但仍然在江风的摇晃中连接着两岸大山。驱车过江，溯江而行，不一会儿就到了茶马古道上颇有名的奔子栏。

我们在奔子栏停车吃饭。至此，我们已经走了82公里，到德钦还有102公里。在藏语里，"奔"为美丽，"子"为沙，"栏"为堤，"奔子栏"意即美丽的沙堤。看上去的确如此。金沙江在这里转了个弯，水势平缓，江面开阔，而且淤出一湾肥沃的沙滩，成为果粮并茂之地。沿江一带，柳树如屏，核桃树丰满的巨大的顶冠在秋阳下闪着绿光。虽说是高原，但这里地处河谷，海拔只有2010米，比中甸低了一千多米，气温高，房前屋后还摇晃着竹丛和芭蕉的绿叶呢。站在饭店的台阶上看出去，奔子栏的藏味似乎不是那么浓了，至少在我们停车的这些地方是不那么浓了。饭店、旅馆、百货店、发廊等等，一应俱全，都是钢筋混凝土、玻璃窗吊顶，尤异于内地也。穿着打扮，也趋于汉化。正在洗菜的姑娘告诉我，她是藏族。我问她为什么不穿藏族衣裙。她一笑，说是穿汉装做事方便。看看那些"财源茂盛通四海，生意兴隆达五洲"的对联，大概就不难理解这种变化了。自古以来，奔子栏就比较开放、发达。这里是茶马古道的核心地段。马帮南下茶乡备货，远从普洱、下关驮来砖茶、红糖，和古宗（旧时对藏族人的称呼）从西藏赶来的马匹在这里集散、交接。人喊马叫，好不热闹。夜里，赶马人有力的牙齿撕咬着、咀嚼着冒着热气的羊腿，大口喝着青稞烈酒，发出豪爽的笑声。篝火通红的江边，男男女女，拉弦子，跳锅庄，大口喝酥油茶！当然也会演一些仇杀、盗马、私奔之类的故事来，成为茶马古道的传奇。据说，眼下奔子栏还有一位当年的马锅头，名叫"斯纳力钦"，已年逾八十了。老人年轻的时候，赶马做生意，很有人缘。

"人又好耍，一路都有女人喜欢。"饭店老板吸着水烟筒，悠悠地说。

老板是四川人，汉族。我们吃这顿饭，知道了好多事情，便对老板说，转回来还上他这里吃饭。老板自是喜欢，说："要得！"

高山症

从奔子栏出来就一路上坡，先还看得见大山大江，不一会儿就与大江告别，只与大山为伴了。过东竹林寺时，见一片寺宇，甚是壮观。张师傅说要赶路，回来再看，于是穿村而过。叫"书松"的这个村子，看来还算富裕。路边的藏家房舍都很整齐，门窗的装饰尤其讲究。房顶上晒着苞谷，还有金红的南瓜、火红诱人的辣椒，它们色彩浓艳热烈，和灰色大山形成强烈对比。有趣的是，有的房顶上除了"哗哗"飘舞的经幡，还有一个神气活现的稻草人，那当然是吓唬雀鸟的了。至于高高撑着的天线，显然在说这些大山中的小村子，已经和外面的世界连通了。毕竟，时代是在进步着。

太阳晒着，从车窗吹来的风却是明显地凉了，我们正走在海拔大约3000米的山地林间。杉树，杉树，还是杉树。高大的、挺拔的杉树，占据了我们前后左右的山岭。这些可爱可敬的杉树哟！也有别的树，松树、桦树、阔叶树以及高山杜鹃和各种各样的灌木。山色驳杂。因为树种的不同，因为长势的不同，因为山形的不同，因为阳光照射的角度、照射的长短、多少的不同等等，山色因此而驳杂，给人既丰富又和谐的立体感。山壁上，山谷里缭绕的云雾间，隐隐有彩虹浮动闪烁。阳光有时被积雨云遮住了，山色就暗下来，深绿而黑。阳光顽强地穿透云层，某一片林地荣幸地接受了一束极亮的光芒，有如获得新生似的，抑制不住的笑容，荡漾着，荡漾着。

我们正在接近白芒雪山自然保护区。我们正在向看得见白芒雪山的高处行进。这个保护区总面积近 19 万公顷，北面与西藏芒康县接壤，东面隔金沙江与四川德荣县相望，保护着珍贵的滇金丝猴，还有许多别的动物、植物以及大自然的天造奇观。是需要保护，真正的保护了。

不论前几天去白水台，还是今天从中甸去德钦，我们在欣赏无数美景的同时，也为山林触目的伤疤而惊心。森林一片一片被破坏砍伐，裸露的山体荒草丛生，枯黑的树桩成为树的墓碑。更为痛心的是，许多砍倒的大树并没有被运走，横七竖八躺着让虫蚁做窝、蚕食，让阳光曝晒、雨水浸泡而朽烂。这些难以愈合的伤口，是人类对大自然的犯罪。

据说，这一带的人把盖房子看作最体面的事，房子越大越豪华，主人越有面子。农舍大多为土木两层楼房，楼房周围筑围墙，形成单家独户的院落。这种楼房的地板、天花板、隔板都用木材，屋顶由数千块长条小木板镶铺。你想知道什么是财大气粗吗？你就到有钱的人家去看看那些圆木的顶梁柱，大者，两人合抱还围不过来；小者，也就两人合抱吧。这样的柱子，一幢房子最少要 48 棵，最多的有 72 棵。柱子的大小、多少，成了财富的象征。我们曾到一户人家家里做客，便被那些大柱子怔住了，也被那些厚重结实、雕花敷彩的家具怔住了。火塘里烧的是柴块，院子里小山一样码的是柴块。在火焰的欢笑里，我听见树木的哭泣。我想要是山上的树们看到这些情景，它们怕是要哭得满地落叶吧！一路上我们看见许多摄影者。他们停了车，站在路边捕捉他们认为最好的风景。我倒希望他们把镜头对着那些苍黑的树桩。人在旅途，并非一路都赏心悦目。

原以为氧气派不上用场了，殊不知刘先生说头晕，率先把橡皮管插进鼻孔。接着是台湾的桂小姐。她差不多是从海平面上呼地就来到海拔将近四千米的高原，我们都担心她能否闯得过高山反应这道关。头天到中甸没有经验，放下行李就去纳帕海，又去松赞林寺，结果中午就头晕恶心，高山反应了不是？她赶紧躺下，吸了一阵氧就好了。后来听说藏药红景天对预防高山反应有特效，可惜当时不知道。

就在桂小姐有点滑稽地玩儿似的吸着氧气的时候，扎西说，前面就能看到白芒雪山了，一下子把大家的兴致提了起来。几分钟后，一个转弯，白芒雪山迎面而立，张师傅车才停住，我们就冲了下去。这里海拔4000多米，桂小姐居然把氧气袋丢到一边，提着相机，比谁都跑得快。其实，白芒雪山离我们还远着呢。因为它太高了，就像在我们的头顶上一样，我们才觉得离得很近。白芒雪山十二峰，被藏族人民称为"十二战神"，足见其之威风。果然，它是很傲慢的。我们大老远地跑来朝拜它，它也不给我们个面子，厚厚的云雾裹着，脸都不露一下，只让冰川走出来，把长长的冰舌伸给我们看了看。我们"咔嚓""咔嚓"拍照，再三向它致敬，不满足也满足了，我们尊重它的傲慢。剩下的，我们只能靠想象了。我们想象它的洁白，想象来自雪山的流泉是多么地冰凉、多么地清澈。我们想象滇金丝猴们，以及豹、金猫、狼、黑熊、赤狐、岩羊、血雉、朱雀、蓝喉太阳鸟们在林中生活得很好、很快乐。我们只能这样想象。

在无边的想象中，旅行车已经转了许多弯，爬了许多坡，来到我们此行的最高点，海拔 4260 米的垭口。一大个玛尼堆，三色经幡和风马旗，被强劲的高天大风吹得呼啦啦直响。从此将一溜下坡，行四十多公里就到德钦了。

也许是高潮已过，在汽车下坡的时候，车上的人大都归于平静。桂小姐开始吸氧。有人已经头晃得在打瞌睡。我看着窗外，觉得这里的山景有必要略记一笔。一本自然保护区的小册子，把这一带称为高山灌丛、草甸带，海拔高度 4000—4500 米。书上列举的高山灌丛，单杜鹃类就有栎叶杜鹃、凝毛杜鹃、川滇杜鹃、粉紫矮杜鹃、白雪杜鹃、金黄杜鹃、多枝杜鹃、岩生杜鹃等，我连听都没有听过。这些其貌不扬的杜鹃们，看上去灰扑扑的，绿黑绿黑的，一片片、一丛丛，伏地而生。它们以这种独特的生存方式，抵御着高原强烈的阳光、狂风和雪暴，可以想象（又是想象！）在开花季节，那布满丘陵、台地的红红白白黄黄紫紫，该是何等动人！现在，它们正盼望着漫天大雪，也就是再过几天吧，它们就将在厚厚的雪褥下做一个很长的梦。到时大雪封山，公路中断，这里只是雪原一片。在灌丛和草甸之上，那些怒发冲冠的山峰也很引人注目。荒漠般的峰岭，既不像高耸云端的雪峰有皑皑白雪，又不像没有它们高却令人尊敬地长满大树的山峰；它们光秃秃的，气得浑身发紫。是的，它们是正在风化的岩体，显出一种灰紫色。云雾在它们的峰顶盘旋，这不是它们的冲冠怒发是什么？也许正是这一头怒发显示了它们独特的个性。当有人喊着"德钦到了"的时候，它们昂首挥拳冲天怒的形象还在我的眼前晃动。

然而，德钦到了，就在眼前，四面大山那么粗鲁地把它箍住抱住呢！

德钦之夜

德钦的小名叫"阿墩子"。

阿墩子逼仄而小，在一个山沟里。山沟似乎是泥石流冲出来的。房子挤成一团。河边菜地的碧绿，给小城带来生气和朴素的美感。我们下午五点到城里，住进扎西事先联系好的太子宾馆。这个"太子"，定然是借用太子雪山的"太子"了。太子雪山是大名鼎鼎的梅里雪山的别称。这座神山的主峰卡瓦格博，位列藏族地区八大神山之首，被藏族人民视为朝觐圣地。传说班禅大师朝拜时，水酒洒地，缠绕神山的云雾便"哗"地就散开了。远从西藏、青海、四川来的僧俗藏族人，以及科学考察者、自由旅行者，都是为神山而来。我们也是。仰头看看云舒云卷的天空，真心祈求上苍，明天我们能如愿以偿，见到神山太子雪山！

趁天色还早，我们上街走走。整座小城都在大兴土木。可惜，新建的房子大都是钢筋混凝土结构，毫无藏族风味。街道窄而陡，坑坑洼洼，不是灰土就是泥泞。藏族人蹬着大皮靴，甩着暗紫的楚巴，大步而行；外地人东张西望，小心谨慎。马帮"喔唧""喔唧"走过，留下一地马屎；醉汉拎着酒瓶，东倒西歪；摇转经筒的老人，和善地笑着。商店里有茶叶、红糖、酥油、藏刀、酥油灯、木碗、马掌、衣服、毡帽等。听说有玛瑙项链，没有找到。几个藏族姑娘在街边烧火煨茶。一个姑娘用羊皮袋鼓风吹火，黄亮的火苗飞蹿起来，黑乎乎的茶壶冒着热气。姑娘们的头发、脸、手和衣裙糊着泥垢，脏兮兮的，但那双眼睛却是那么清澈，盛满善良。她们告诉我，她们从西藏芒康来，来朝拜卡瓦格博。我想问问转经路的情况，她们又摇头又笑，她们听不懂汉话。杂货店一个黑脸男人告诉我，转山的路线分内转、外转两种。内转七天，外转半月。虔诚的朝山人围着神山绕匝朝拜，有的匍匐而行，有的口诵经文，络绎不绝。朝山者手持转经筒，不带盘缠，沿途求助。是了，我就见几个藏族汉子在饭店门口，很卑谦地伸手乞讨。"那么，"我向黑脸男人请教，"夜里他们住哪儿呢？"黑脸男人把一包盐巴递给买盐的小男孩，说道："那可不一定。老羊皮袍子一裹，大树下，山洞里，乱石上，随遇而安。"我谢了黑脸男人，并向他买了一包糖，送给煨茶的姑娘们。姑娘们"噫"地叫起来，笑嘻嘻地接受了我的好意。

晚饭后，天就黑了。小城里静静的，很冷。德钦海拔3400多米，比中甸高，又偏北，气温低得多。还想到街上转转，又有点儿怕，小城弥漫着神秘的气息。我们在旅馆外边徘徊，感到寒气阵阵逼人。寒气来自梅里雪山，还是来自穿城而过的直溪河？直溪河河床陡斜，水流很急，细细的，银线似的亮。不是因为倒映了灯光，是星光。蓝黑的天空，密麻麻的星星，莹莹地亮，清清地亮，一颗和一颗比赛地亮，闪着寒光，绿而蓝的寒光。德钦的夜哟，寒星闪闪！也是奇怪，在这样光光滑滑的天上，星星挂在什么地方，又怎么挂得住呢，居然一颗也不掉下来！看它们挤眉弄眼的，是要和我们说话吗？接着，山顶上一片耀眼的银白，月亮就出来了。好大的月亮！大得伸手可摸，大得要掉下来，要从山上滚下来！它没有掉下来，没有滚下来，它给山脊镀了一道银边。它越升越高了，它抚照着德钦小城。我有一个感觉，觉得这又大又亮的月亮就是为德钦而升起的，为我们而升起的。它照亮了德钦。德钦沐浴在一片溶溶月光之中，安详、宁静。只是这月光华彩也像星光一样，过于冷凉了，霜粒似的落在脸上，不由得的打寒战。落在小城德钦呢？屋里是暖和的，人们围着火塘喝茶、打哈欠。一条黑狗蹿出来，拖着月光迅跑，而山坡上有游动的车灯。月色与夜气浸润混合的朦胧中，火光闪烁。是朝山者燃起的篝火吗？隐隐地，有人在唱歌。我想起那几位转山的藏族姑娘来。她们住在哪儿，她们冷吗？

到底抵挡不住夜的寒气，我们回到房间，冲了个热水澡，钻进被窝，开始做见到神山太子雪山的梦。

对了，在藏语里，德钦意为极乐太平呢。

精彩
—赏析——

　　本篇文章按照作者及友人从中甸去往德钦的行经路线，描绘了这一路的自然景观，讲述了这一路的所见所闻所感。文中多处运用比喻、夸张等修辞，环境、语言等描写，将自然景观不遗余力地描摹了出来，营造了一种神秘、宁静的氛围，将大自然的美妙与神奇极致地呈现在读者面前，同时也表达了作者对自然景观的喜爱和赞颂之情。

那一带柳林

> 即使在动荡不安的世界中，我们也要像柳树一样，坚定不移地扎根、成长、茁壮。

离开石鼓，梦牵魂绕的是那一带柳林。

虽是多雨季节，来到石鼓，天却意外地放晴了。潮湿的阳光从长江第一湾的江面反射过来，亲切如江水的微笑。就在阳光流动、摇晃的江边，一带柳林，浓重、庄严，使我的眼睛发亮。

自然，在石鼓镇，有不少值得造访瞻仰的名胜古迹。但是当你一睹"石鼓"因以得名的那尊鼓形石碑的丰采之后，当你在红军纪念塔前或低首徘徊或轻声吟哦之余，你最终是一定要去领略长江第一湾的壮观，用滔滔江水荡涤你的旅尘、你的俗念以至灵魂的。而这时，你也就来到柳林了。

从来没有见过这样高大、粗壮的柳树！一片深沉与静穆，刚毅中透出高贵的气质。苍黑色的皱裂的树干，擎一抹婆娑翠色，高标云际。卷曲的落叶、野花和细碎的阳光嬉戏于松软的沙地。几匹马文静地吻触嫩草，不时打着响鼻。小鸟呢喃，亮丽的翅膀一闪而过。静寂中，隐隐地传来江水雄浑有力的涛声，水波的亮光穿透树荫的浓密。前面就是金沙江。

在走出柳林之前，我因想到人们栽树护堤的壮举而激动。树往江里栽，土往江里推。多少棵树被冲走了，冲走了；然而有一棵站住了，又有一棵站住了……年复一年，江水终于流成一弯无与伦比的月亮！拔地参天的柳林，是石鼓人竖起的绿色丰碑！我怎能不抚摸它劈波击浪百战犹酣的树身，怎能不抚摸它被江水雕刻而伤痕累累的裸根！而当年贺龙将军击石鼓以振士气，万千红军不就是在这柳林里誓师渡江吗？这柳林不是拴过红军的渡船吗？

蓦地响起密如急雨的蝉声。柳林在歌唱？

不觉已到江边。漫漫江流，浑黄而耀眼。远远地，一条渡船正横江而过，团团烟朵，化在水光山色之中。我沿江漫步，捡了许多熠熠生光的江卵石。一群孩子光着屁股玩水。他们的笑声脆亮而甜，他们的身后是美丽的铜浇铁铸的柳林！哦，孩子们，想过吗？要是没有这一带柳林……

精彩
——赏析——

　　这篇散文通过描写石鼓周围的柳林、长江第一湾和红军渡江等，展现了作者的感悟和思考。作者的文字流畅自然，细腻入微，能够将景物、人物、情感等元素有机地结合起来，给读者留下深刻印象。文中渗透着对大自然的敬畏和对人类智慧的赞美，具有很强的人文关怀和思想性。整篇文章气韵生动，情感丰沛。

——————————

心醉荫翠峡

> 在这个喧嚣的世界里，不妨让我们放慢脚步，去感受大自然的恩赐，回归内心的宁静和平静。

九乡风景，最叫人心醉的是荫翠峡。

水是那样的清碧柔嫩，平静安详。

不用导游，一条小船，两支木桨，颤颤悠悠，载着你随意漂流。把手伸进水里，真凉！你抚摸无声流动的水波，有如抚摸净洁滑润的肌肤。木桨旋起的，莫不是少女娇羞欲笑的酒窝？旋转着，旋转着，与船舷相伴。翠竹和绿树，摇碎了鸟的鸣唱，摇碎阳光。一团一朵，阳光开放在水面。想捧起一朵，捧到的是一枚轻轻飘落的经霜的秋叶。浸染了秋阳的色泽，浸染了秋阳的温暖和芬芳，是一朵成熟的阳光呢！哦，你的眼睛为什么发亮？在抬头仰望的瞬间，你看到了什么？小松鼠？是的，尾巴一大蓬的小松鼠，正跳跃在高树低枝间！还有岩鸽，是那样动人地互相梳理着羽毛。你想叫喊，想抒发你的惊奇和惊喜。你忍住了。你不忍心惊动这些小生灵，也不忍心打破这安谧、这宁静。

此刻，一对情侣轻挥木桨，迎面而来，与我们的小船擦舷而过。相依相偎，软语呢喃。多少甜蜜，多少温柔，融入了也赋予了何情不倾、何事不诉的悠悠水波、绵绵桨声！一幅明艳的画图倒映水中，闪闪地撩拨人意。不是吗？一位同船友人，微闭了双目，只让梦一般的温馨弥漫在脸上。朋友，你是想起了你的故乡，想起了你的童年、你的青春？还是想起了第一次和恋人的幽会？我真不该打扰你。不该轻轻拍你一下，用微笑分享你的幸福。然而，诗人吟哦了："诗心唱翠谷，波涤旧梦新。"一只翠鸟，灿烂如花朵，急飞而过。一片惊愕，如梦初醒！

尽管我和我的朋友，更喜欢荫翠峡近乎原始的宁静。但对于年轻人来说，这宁静或许又过于浓郁了一点。果然，一群青年男女耐不住幽谷的深邃清寂，先是叫喊着你追我赶，把小船划得飞快；接着竟挥桨开起水仗来了！水花、叫喊和青春的笑声，播洒在溪涧，也撞击在溪涧两侧的绝壁上。呵，绝壁，荫翠峡的绝壁！除了清碧柔嫩的涧水，荫翠峡的魅力也许就是高险苍古的绝壁了！相距不过四五米，钟乳悬垂，怪石百态，自成画廊。细观每一块石面，每一段钟乳，即便有充裕的时间也不大可能；然而就是匆匆浏览，你也会惊异于大自然的鬼斧神工。使我感动的是，崖壁上的青藤有的竟如花串，随风拂于水面；裸露于石壁或从缝隙里挤出来的树根湿漉漉的，不时有饱满的水珠滴落；至于苔藓蕨草的鲜绿萎黄，不过给两壁"崖画"增添许多色彩在水光中浮摇，而<u>一丛一丛</u>的兰花芳草，又悄悄唤起多少圣洁的回忆……穿行幽谷，目不暇接，我们不得不把船划得很慢，很慢。

然而，终究要离去。我看见许多人因为亲近了自然而返璞归真，变得质朴、坦诚、可爱。大自然啊！然而，我们还是要离去。虽然远处的山崖上，一树霜染的红叶正燃烧着热情，在下船的一瞬，我的郁悒还是填满了荫翠峡……

精彩
—赏析—

本篇文章采用独特的语言和视角，运用比喻、拟人等修辞手法，揭示出大自然的鬼斧神工和无穷魅力。文中通过对荫翠峡细致入微的描写，营造出了一种幽静、深邃、宁静的氛围，让读者仿佛置身其中，清晰地感受到溪流的流动、阳光的温暖、树叶的拂动以及小鸟的歌唱。荫翠峡在作者笔下化为一幅清新、恬静、优美的山水画卷，让人流连忘返。同时，作者用词婉约而不失精练，为文本增添了美感和可读性。

亲近珠江源

🌷心灵寄语

> 珠江源的山川、溶洞、花草树木，无不在默默地孕育着我们生命中的灵感和智慧。让我们感恩这片土地，珍惜这些美好。

阳春三月，我们访问了珠江源。

从昆明出发，一个多小时就到了曲靖市。这座滇东重镇，是古代爨文化的发祥地，被誉为"神品第一""南碑瑰宝"的国家重点文物"爨碑"，就分藏于市内和其所辖的陆良。我们要访问的珠江源，则在离它只有一步之遥的沾益区，8公里长的笔直宽敞的"珠江源大道"连接着两座城池。出县城向北行40多分钟，鼻翼痒痒的，嗅到氤氲的水汽，到了珠江源景区。下了车，沿着落满苦刺花细碎花瓣的青石小道，我们去朝拜一个溶洞。

三百多年前，大旅行家、地理学家徐霞客曾两次到过沾益，妙笔记叙沾益境内的山川地貌、风物人情，并写下《盘江考》一文。

徐老先生以其"所身历综校之"，认为沾益炎方一带"是为南盘之源"。中华人民共和国成立后，经过许多专家反复考察和测量印证，到了 1985 年，国家水利电力部珠江水利委员会正式确认徐老先生所说，定沾益马雄山东麓的这个溶洞为"珠江正源"，并立碑以记。

溶洞并不壮观。潮湿、丰润、安详。从岩缝、从钟乳的乳头，永远滴淌着清凉的水。镌刻在洞口上方的"珠江源"三个鲜红大字，倒映、摇曳在一潭嫩绿柔蓝的池水里，花瓣一样美丽动人，而珠江就从这里出发了。难怪许多广州人、深圳人，还有港澳人士，他们来到这里总带着"饮水思源"的惊讶和虔诚。看着他们似乎在祷告的神态，大山里的人倒被感动了。

是的，应该感激，虔诚地感激这洞里的每一滴水，感激大山和土地。山上长满了树和花草。有名的大树杜鹃，盛开的季节在每年的三四月间。这时候马雄山容光焕发，被一种疯狂的青春和野性的灿烂所弥漫。人们都来赶赴它的盛宴。也就是这时候，或者说许多时候，更多的草木总是很自然地过着自己平常的日子。比如伏地松吧，它一点儿也不张扬地伏在地上。马雄山不是很高，而且平缓，登上山顶毫不费力。一旦站在山顶，你就感到了它高压众山的气概，感到了"一水滴三江，一脉隔两盘"的神奇。八面来风。就在你抬手按住遮阳帽的时候，你看见了伏地松。它们伏在地上，整个身子伏在地上，牢牢地抓住、挽留住那些要随风而去的灰土。你禁不住走过去，蹲在它们中间，拍一张照片。你心里涌起一片感激之情。正是这些一岁一枯荣的花草树木，把它们生命的汁液化作了"珠江源"三个字，化作了滔滔珠江！遗憾的是，我们的知识不够，我们不能一下子喊出一些草木的名字。我们体会不到这种幸福。

即便是走马观花，一天的时间也太紧张了。那就住下吧。有古朴的"霞客草堂"，有珠源客栈，山下还有一南国园。一杯热茶，一段音乐，懒散地小躺一会儿就吃饭了。一桌好菜，绝对的乡土情调。啤酒尽量地喝。脸热微醺之时，晚风一吹，你就陶醉吧！散步肯定是愉快的，一个调侃，一片笑声，那样的友情竟是如此美丽而可爱。不觉间，夜气浓了，天就黑下来。水、叶子、草、杂木树、睡觉前的野花以及林苔和岩石的香味，从四面八方向你袭来。你似乎感觉到了大山神秘的呼吸。山脊被月光和星光涂上了茸茸的白色，柔和的曲线。天空深蓝，那么多、那么亮的星星啊，你想大声喊，又怕把它们震落下来。你的幻想就飞腾起来。你相信珠江源溶洞里的水滴正是这高原的星星，整条的珠江也正流着这高原的星星！那么还有广州、深圳、香港璀璨的灯光呢？夜色很浓，你的眼前却是一片明亮……

精彩
—赏析——

　　本篇文章以自然风光为主题，用诗一般的语言描绘出了旅途中的美景。作者用细致入微的笔触描绘了沾益马雄山的山川地貌、风物人情，并赞美了这里的草木、水源和土地。文中多次描写了自然景色和游人的交融，让读者感受到作者对这里的一片深情。此外，作者还通过对徐霞客的追忆，让人们对这里的历史和文化产生了更深的感触。整篇文章气势恢宏，用语精妙，意境优美，读来让人沉醉其中，对旅途中的美景充满了向往和期待。

菌子山的石头

🌷 **心灵寄语**

> 生活中也有很多美好的事物等待我们去发现和欣赏，只要我们用心去感受，就能发现美的存在。

没想到师宗菌子山的石头，是这样的独特，这样的美！

你看，这一块，只有拳头大小，可我怎样向你描述它的形状，它的被时光岁月被大自然风雨雕琢的纹理图画呢？在它面前，我感到表达的贫乏和文字的无力。我只有虔诚。是的，它像一尊微型的豁了嘴的金字塔。不太规则的菱形、对称的纹路，使它的一个侧面又有如一个异国原住民的侧影，忧郁中有一种沉默的质朴和高贵；那头饰虽然没有遍插羽毛，还是神似了得。最大的一个斜面，布满灰白的浅淡的凹痕，流云一样远去……它的顶端锋利，整个是一柄远古的石斧！

刚下过雨，石头们亮闪闪的，都在说着沐浴了雨水的快乐。在苔藓的鲜绿里，它们再次握住古老的青春。我们来不及过多的想象，走在石径上，我们被满眼或整齐或凌乱的石头所震惊！

石头们一律有横切的纹路，扑卧着的像书案，像茶几，像棋盘……还像什么？说不出。也许什么都像吧。不过，它还像，还像老实、安详、心地善良的一张凳子，就在路边，让走累的人坐下来小憩。那些叠码成堆成垛的，则像很多人都想象的书册，巨大的、真正厚重的、经过时光老人圈阅过的经典。各种版本、各种装帧的无法翻动的书册上，阳光、风、雨、雷暴、闪电、月亮、星星、虫、落叶、花瓣、藤萝、雾气，写了许多神秘的符号、图画或文字。它们，这些万古的经典，沉默着，有点儿寂寞地等待人去读懂、去破译。至于整座由巨石镶嵌而成的山壁，苍老中总透着威严。人们说像城堡，像关楼城池。我欣赏着。树、藤、草、野花、青苔，从撑开的石缝里长出来，长出来，油绿而亮，花朵或灿黄或粉红，都一个劲儿地向我们宣示生命的顽强与智慧。我坐在石凳子上，靠着一棵粗壮的栎树，欣赏人们说的城堡、城池。我突然觉得它更像一段古长城，一段"飞来的长城"。我笑了，低头瞥见一块石头，它张着嘴想说什么。我擦掉风霜给它涂上的灰白的沙尘，它以清亮的肌肤告诉我它的纯美……

有朋友认为"菌子山"这个名字太土，提议另取新名。我想，许多人都会在这片妙不可言的石头上打主意。我也这么想过，边走还边在心里胡诌着什么"树影读石破万卷，花摇叶香著文章"，什么"沧海变桑田，石书终成山"，又有什么"树影读石静，花摇香有声"，等等。我几乎被这些石头搞晕乎了。

细细一想呢，觉得还是就叫"菌子山"吧。菌子山周遭12公里，满山的菌子，就等一声让它们冒出来的口令。一旦菌子们从树脚下、草窝里、石缝间冒出来，菌香飘摇，整个菌子山是何等迷人！而"菌子山"这个名字又是那样的朴素。喊出这个名字的，也许是一个放羊姑娘、一个剽悍猎人，或者是一个少年、一个小小孩吧？其实，在有人喊出这个名字之前很久很久，菌子山早就安安静静地存在着，并且给人们一直带来好处。出菌子的季节，乡街子上到处是卖菌子的，问一声"这菌子是哪里捡的"，回答不都说是"菌子山"吗？菌子山这个很民间的山名，沉淀了、储存了多少乡村记忆啊！菌子山涵盖了也包容了这片石头。

那还是叫"菌子山"吧。只是你到了菌子山，一定要来拜访这些石头。真的，你会有一种从来没有过的惊喜，你缥缈的思绪会因为石头的苍古而悠远！

114

精彩
——赏析——

　　本篇文章运用比喻、拟人等修辞手法，让读者感受到了作者对菌子山石头的深情。从文字上，可以看到作者对菌子山的感受非常细腻，运用了各种手法来形容石头的美丽和神秘。整篇散文意境优美，语言流畅自然，情感真挚，让人感受到了作者对菌子山的真实情感。

晋宁秋色

🌸 **心灵寄语**

　　在晋宁的秋天，我们感受到了丰收、祥和和喜庆。即使生活再朴素，也有温暖、香气和味道。即使是那些远古的文明，我们也能从中感受到历史的厚重和文化的魅力。我们应该珍惜眼前的美好，感恩生命中的每一个瞬间，因为它们都是我们生命中的秋色，散发着温暖和喜悦。

秋色，多美的秋色！

　　净白的云，轻软、蓬松，装饰高蓝的天空。起伏的山岭，青苍中渐渐泛着灰蓝融入远天。一群黑山羊把"咩咩"的叫声，染在近处的山坡上。东一片西一片的向日葵，有点粗野，像我在幼儿园看到的一幅小男孩用油画棒用力涂抹的画一样，厚厚的黄色，金灿灿的脸盘，闪射出喜气的亮光，是一块块苞谷地的眼睛吧？每一棵苞谷都那么精神，挨一擦二地站得很整齐，像接受检阅的方队。惹眼的是它们腰间的苞谷棒子，粗壮而坚挺，用变成绛紫的缨须告诉你它颗粒的饱满。稻田里的稻草人，虽然在很神气地行使着自己的权力，却遭到成群的麻雀的嘲笑，有的干脆停落在它的帽檐上，屙一点屎留作纪念。路边的村庄不大，青灰的瓦，黄泥或粉白的墙，要多朴素有多朴素。房头或土墙矮埂上，老南瓜和辣椒比赛红亮；房前屋后，梨树上挂着几个硕大的黄梨，柿子因为还有些青色而有些害羞地躲在枝叶间，核桃和板栗落了一地。一阵狗咬、鸡叫，惊得篱笆上的牵牛花，全都举起了紫红的喇叭。老人的背影，孩子的跑跳……

这是晋宁的秋色。

正是秋天，我们去晋宁采风。

我不能不用一大段的文字来描绘，来感受和呼吸从如此斑斓的秋色里散发出来的晋宁秋天特有的温暖、香气、喜悦和味道。

晋宁是古滇文化或曰滇池文化的发祥地。远在战国时期，楚将庄蹻率军入滇，就在晋宁建立了滇王国。晋宁上蒜镇石寨村，有一座旁临滇池的山包，远远看去，有如水面上露出背脊的大鲸鱼，因而被称为鲸鱼山。五十多年前，考古学家从鲸鱼山岩石空隙间不规则的众多的土坑墓穴中，发掘出青铜器以及金、银、玉、铁、陶器等大量文物。这些出土文物，既有兵器、生产工具、生活用具，还有乐器以及种种工艺纯良、艺术性极高的装饰品，如铜扣饰。其中有一枚饰以蟠蛇钮的金质方形印章，金光闪射，夺人眼目，印面上的"滇王之印"四个古朴苍劲的篆书，昭示天下：晋宁乃古滇都邑。前些年，我曾在博物馆看过这枚金印，也曾逛过与郑和故里昆阳毗邻的晋宁古城，那里有一些如明、清建筑格局和样式的民居建筑，留下的印象至今还依稀记得。这些民居，有的称为"一颗印"，有的叫作"一把伞"，是一种三间四耳的四合院布局。雕花的格子门窗，有的雕有飞龙戏珠，有的饰以凤凰翔舞，还有古松仙鹤、喜鹊登枝、鱼戏莲花……花鸟鱼虫，鲜活欲动。最有趣的是，院子中都有青石或青砖镶铺的天井，正中央砌了花坛，寓意着"锦（井）上添花"。而真正的"井"也是家家庭院都有的，称为"私井"，就打砌在灶台旁。井口有圆有方，有大有小，既利用水之便，又保宅第平安，和街面上大青石条镶嵌的"官井"，成了晋宁古镇一道透着清亮与甘甜的水井风景。只是这次行色匆匆，没来得及在古城停留，不知水井们是否还是那么清凉明净，是否还映照着云影天光，映照着孩子们的小脸和笑声？

我们去二街镇看彝乡"野马艺术团"的演出。我原以为二街有一片"野马"狂奔在如同香格里拉嫩草铺地、野花摇曳的原野上。二街镇的同志们一听，笑了，说艺术团的命名，来自彝乡的一个"野马冲"，也可能在古代是有很多很野性的马奔突、征战吧。现在，那遥远的马蹄声似乎还激响在人们的耳边，扬起山野的风，于是"野马艺术团"就顺理成章地诞生了。沿着一条被牛车马蹄、羊群、猪狗以及老人的拐杖、孩子的脚丫、单车、摩托车写满坑坑洼洼印痕的青石小路，我们走进一个古柏青苍的庭院。刚刚从山坡地头赶来的艺术团的演员们，男男女女，正忙着化装和摆弄鼓锣道具。孩子们跑来跑去，渲染着演出前的热闹与喜庆。是的，正是秋天，果树和庄稼因为结实累累，显得有些疲倦，但它们又喜欢在风中欢笑，它们的笑声涂上浓烈的金红与躲闪着跳跃着的点点金黄，流淌出晏殊的诗句"红树间疏黄"。我正得意于想起晏殊绝美的诗句，猛然间响起的轰隆鼓声，拉开了"野马艺术团"龙飞凤舞的演出。

我该怎样向你描述这场演出呢？我只在电视上看过山西农民的"威风锣鼓"，震天动地，的确壮观。但是，毕竟是"隔着玻璃看"，画面也小，有呐喊与响声，但是没有穿透荧屏的热力。二街的这场演出就不同了。就在我的面前，几十个穿红着绿的男女演员，他们舞龙，把黄龙、青龙、红龙舞得"活龙活现"！龙身上的片片鳞甲，闪着秋天耀眼的阳光，晃动着我的眼睛；凌厉的龙爪，伸到我的面前，要不是我躲闪得快，肯定抓到我的脸或衣服。他们舞的狮子，纵跃翻腾，狮口大开，狮眼圆睁，被那绣球逗得滴溜溜转。还有"板凳龙"，似乎是一种小恐龙的变种，活泼欢蹦，乱作一团。而花鼓舞的红绸绿袖花围裙，热热闹闹地舞成了昆明西山的一副联语："一径飞红雨；千林散绿荫。"那"彝家尝新节"上，夸张的瓜果大白菜，苞谷茄子红辣椒，叫人眼馋嘴馋。从地面卷起的阵阵灰尘和落叶，还有欢歌劲舞的男男女女的串串汗水，飞溅在我的身上、脸上。摄影家们爬高上低抢镜头，我就只能凭一双眼睛了。二街，这个再朴素不过的乡镇，因为"野马艺术团"野马般的狂奔演出，我牢牢地记住了。其实我应该知道"二街"。在昆明各大超市走红紧俏的"滇王牌"小西瓜，就产自二街。据说小西瓜已远销广州，还打进了俄罗斯市场。而在我家门口的昆明市最大的篆新农贸市场，一块钱一个的二街蜜甜的小西瓜，是最受欢迎的抢手货！我不知道在场院里表演的男男女女中，有没有种小西瓜的。但我绝对相信，正是他们，在换上演出服装之前，也许在田间地头忙碌，也许在修沟筑堰，或者在窗前或屋檐下挑花绣朵。正是这些有着可以挑花绣朵的巧手的彝家女，当然还有大力饱气的彝族汉子们，此刻把这方场院舞得秋光四溢！据说，这个农民艺术团有六十多人，都是些业余文艺爱好者，而且耍龙舞狮、吹拉弹唱，各有专长。在县里和镇上的扶助支持下，他们在农闲或庆典节日，走乡串寨，活跃在场院土台，或是村头地角，在给山村带来欢乐的同时，也表达着一种追求幸福安康的朴实诉求。我在小本子上写下他们的名字：蒋铁燕、杨会兰、李祖琼、拔晓琼、蒋文良、杨祖龙……我向摄影家们学习，也爬到一个高台上，全景式观赏。抬眼望去，我看到的，何止是这个场院在舞动！整个二街，整个晋宁都在舞动！舞动着，舞动着，古滇都邑、郑和故里、工业园区、村寨乡镇、山林河流都在舞动，在迷人的秋色中，舞动着丰收、祥和和喜庆……

一个站在我旁边的小女孩，突然花一样跑开了。我还在愣着，她已经拿着一大盘饱绽的向日葵向我跑来，喊一声"爷爷！"，硬把葵花递给我。我亲了一下她的小脸，亲了晋宁让人心旌摇动的秋色。

精彩
—赏析—

　　这篇散文描绘了作者在晋宁秋色里所感受到的美好和喜悦。作者用生动的笔触描绘了秋天的景象，包括农田、果树和庄稼。此外，作者还介绍了晋宁的历史和文化背景，简单提到了古滇文化和滇池文化的发祥地。作者描述了在晋宁采风的经历，包括参观博物馆、走进古城和观看"野马艺术团"的演出。通过文中的描写，读者可以感受到作者对晋宁、对生活的热爱。

　　文章的语言生动而富有感染力，作者使用了大量形象的词语和比喻，在描述景象、人物和事物时，让读者感觉到身临其境。此外，作者还使用了一些诗意的语言，比如"秋光四溢""红树间疏黄"，增加了文本的美感和艺术性。

樱花信

🌸 心灵寄语

> 樱花绽放的时节，是美丽与爱的节日。不要错过这个芬芳绚丽的时刻，因为这是培植和耕耘自己精神家园的机会。让我们一同沉浸在这份明亮与温馨中，感受阳光和樱花的滋润，传递对彼此的思念。

阳光是那样的柔丽，薄薄的，嫩嫩的，从花枝花簇间摇落下来，一晃一晃地偷看我给你写信。我真有点儿不好意思了。阳光会把我信上的话告诉樱花吗？

你说过，你要我在圆通山樱花绽放的时候给你写信。我多少次跑到圆通山，去看樱花是不是开了。春节前的那场大雪，让我好担心呵！我担心那么厚的积雪，会不会压断樱花的树干和枝条？还好樱花挺住了，樱花是好样的，而且也许正是雪花的滋润，今年的樱花开得特别好。你看——哦，我当你在我身边呢！你看，饱满的花瓣，那么嫩那么丰润，似乎那绯红的汁液就要滴下来，滴在我的信笺上了。你尽可以想象此刻圆通山的美丽。空气是清澈的，在一缕淡淡的透明的浅红中，弥漫着花的芬芳。这是樱花的节日，也是昆明人引为骄傲的美与爱的节日。昆明人都来看樱花，都来拜访樱花了！谁要是错过了这个芬芳绚丽的节日，谁都会遗憾，都会觉得生活中缺少了一种情调，一种明亮与温馨……谁都不想失去这个机会，这个耕耘自己精神家园的机会。那么朋友，你什么时候回来？你知道我怎样在我们相识的樱花树下给你写信吗？这是一封"樱花信"，阳光和樱花都看见了，我用蘸满阳光的花瓣，写满我的思念。朋友，回来吧，这是我，当然也是樱花的召唤……

精彩
赏析

这篇散文描绘了春天到来时，樱花绽放的美景与作者思念远方友人的情感。从写作角度来看，作者使用了大量形象生动的描写，如阳光柔丽、樱花透明浅红等，让读者仿佛置身于樱花树下。同时，作者还通过对樱花和樱花节的描写，表达了对家乡昆明的热爱和自豪感。文章营造了一个柔美、温馨的意境，传递了对友情、美好生活的向往以及对生活的热爱和对未来的憧憬。

滇南之春

🌸 **心灵寄语**

春天是万物复苏的季节，而滇南的春天更是别有一番风味。在这片神奇的土地上，你会看到绿树成荫、鲜花盛开、鸟语花香，还会听到人们的欢声笑语，听到唢呐芦笙的欢鸣。让我们一起享受这份春天的美好吧！

事实上，滇南似乎一年四季都是春天。滇南不会下雪。山上的树，几乎常年都是绿的，在你不知不觉中，新叶长出来了，而飘落的老叶并不枯黄。这种花谢了，那种花又开了。一种果实成熟上市了，另一种果实还在孕育生长。不过春天毕竟是春天。空气中有一种凉丝丝的、温润润的甜味和芬芳，不知是一棵蓝色的小花散发的，还是一茎嫩草、一片树叶吐露的，或者是从一朵亮云那儿飘来的。有时你并没有闻到，可那凉丝丝、温润润的甜味和芬芳就在你的感觉里。小鸟的叫声很柔，"叽叽叽"，飞得也不匆忙。林子里有许多虫儿供它们享用。山坡上和庄稼地里，开着大片大片紫云英和油菜花。紫色和黄色是滇南春天的大色块，朴素中不失华美与高贵。这时候，你会看见一些"赶花人"。三角形的斜斜的窝棚如同淹没在花海中的风帆。一只一只木蜂箱，放置在田头或埂子上。蜜蜂乱飞，阳光被它们搅得像飞溅的火星，一丝丝，一点点的亮。"赶花人"戴顶草帽，悠闲地咂着烟，他不得不用呛人的烟草味调和一下浓得醉人的花香。还有羊、牛和马。羊的叫声嫩嫩的，颤颤的，非常感人。它们一路吃草吃树叶吃带刺的花，一路屙着黑亮的有点腥味的屎疙瘩。

突然山坡上传来唢呐和芦笙的欢鸣，衣着艳丽的男男女女喊着，笑着，那是有人结婚办喜事了。不知是苗族，还是哈尼族，还是瑶族？尽管你这方面知识欠缺，还不能从人们的服饰、语言和习俗上分辨他们的族称。但是你会感受到那喜洋洋的欢乐，而亮眼的艳丽则是春天特有的场景与色彩。潮湿的山路上，来来往往的人们都不是空手而行。

最新鲜的，恐怕是"贺新房"了。滇南的春天，是苗族、哈尼族起房建屋的季节。所谓"贺新房"，其实就是村民们互相帮助盖新房，一个"贺"字，增添了这种特殊劳作的喜庆色彩。他们扛着抬着染成粉红色的椽子或是木梁柱，甚至还背着粮食、大块的肉和鸡去"贺新房"。木梁柱上贴着大红纸写的"风调雨顺""五谷丰登""六畜兴旺""招财进宝"这样一些吉语。有的木梁柱上，还缠绕着红辣子一样的鞭炮，缠绕着红布和扎着杜鹃花、百合花……

从河口到蒙自，坐在汽车上，我张大眼睛看沿途风光，深深感受到浓浓春意荡溢满滇南的山山岭岭。本来，河口到蒙自也可以坐火车，我选择汽车，自有一番道理。

精彩 赏析

这篇散文从多个角度描述了滇南春天的美景和人们的生活场景。文笔流畅，情感真挚，让人如身临其境。作者从自然景色、人文风情、生活细节等方面入手，将滇南春天的美好展现得淋漓尽致。同时，作者还通过描写人们的生活和活动，展现了滇南地区特有的文化和习俗。整篇文章充满了春天的暖意和生机，让人心旷神怡。

关于秋天（二题）

秋天的景物总是那么动人心魄，让我们静下心来，感受生命的美好。就像秋叶和秋月一样，它们不仅仅是自然的奇观，更带给我们内心的宁静和温暖。让我们用一颗平凡的心，去体验这些美好，相信生命的希望将永远存在。

秋　叶

不是说，在这个季节，在送走了夏天的时候，我们就相聚吗？

我想象你会披一身云霞的衣裳，来到我的身旁。

可是你寄来一片秋叶，一片艳红的火把梨（当地的一种果树，果实叫"火把梨"）经霜的秋叶。那叶脉上是否写满了你的绵绵细语和思念？那叶子淡淡的黑的斑点是目光灼伤的吗？

捧着秋叶，我读你的心，读山村的秋天。

这时候，火把梨的甜香浸透山村了。轻轻的、软软的风，在梨树叶上微笑，燃烧殷红的火苗。树叶用最美的红色集合秋天的爱情，用嬉笑和歌吟照亮山村坎坷不平的小路。黑山羊驮着夕辉漫过垭口了，牧童的眼睛溶化成炊烟的紫色。山道上洒满羊屎，洒满腥臊和一片"咩咩"的温柔。牛铃叮咚，敞襟的农人赶着牛车。刚刚收下的苞谷、南瓜、黄豆、白扁豆和红腰子豆，喜悦装满了老式木轮车，弥漫的清香混合着人的汗气和烟味。井台上汲水的村妇把水晃泼了，秀目和银的耳坠闪着星光。刨食的鸡"咯咯咯"地叫起来，突然蹿出来的黑狗，摇着尾巴迎接主人……一切都成熟了，饱满了，秋天的山村哟！

我们不是说要结伴去山村吗？这片秋叶是你的请柬，还是你的渴望？

山村并不遥远。

秋叶上秋光荡漾。

可爱的，还有你少年的英俊，是不是也在秋叶上掩藏？

月

你问我为什么喜欢秋天的月亮？

哦，你留意过秋月的纤细与娇嫩吗？你曾经身披月光，蹚过溪水、走过山路吗？

秋月总是那么让人爱怜，像少女蕴含着的圣洁的芬芳。她在薄薄的云纱里偷看你的时候，飞动的羞涩叫你的心颤抖。那是真正的"秋波"，荡漾在深远的夜空。于是战壕里不再有枪声，敌对的阵地上响起鸽子的哨音。

呵，是一个中秋之夜吧。我孤独地踩着满地落叶，行走在荒山野岭。陪伴我的只有月亮和少年的慌张。树丛里裹缠着夜气与寒霜，夜鸟啼鸣，野兽狂奔，恐惧在我心里生长。这时候，月亮摇着永不枯萎的树枝，播下一片一片的月光。月光落在我的肩上。清凉的溪水在月光下闪烁波动。跳跃的华彩，是鱼鳞的光泽吗？我的记忆之门豁然洞开。所有的亲切与温柔扑我而来。我走着，深深地感动着，高悬的秋月是那样柔美地抚慰着我照耀着我。我嗅到了恋人的芬芳。我走得更急了，脚下的落叶"沙沙"地响，"沙沙"地响，是月光的歌唱。这就够了，这爱的永恒力量！

也许并没有很多人懂得中秋节的意义。

在秋天，月亮最圆的这天晚上，许多人都回家团圆了。

你呢，我的朋友。你问我为什么喜欢秋天的月亮？我可否寄给你一片月光？

精彩
—赏析—

　　这篇散文在写作手法、意境描写和情感表达等多个方面都表现得非常出色。作者运用了大量的修辞手法，如比喻、拟人等，使文章更加生动，富于感染力。作者对秋天的描写非常细腻。通过对细节的描绘，让读者仿佛置身于山村和中秋之夜的场景之中。在表达情感方面，作者一方面通过对自然景观的描写，表达了对自然美的热爱和敬畏之情；另一方面，通过对亲友的呼唤，表达了对亲人和朋友的深深思念。整篇文章情感真挚，语言优美，读来让人感觉温暖又感动。

————————

火把节之歌

🌸 心灵寄语

> 在这个燃烧着火把的夜晚，我们所有人都沐浴在古老的祝福和新的希望中。火把照耀着我们，照耀着长长的日子。让我们像舞动的火把一样，相互祝福，相互温暖，相互陪伴，照亮彼此的人生之路。

题记：火把节是云南白族、彝族盛大的节日。传说，白族火把节与一个美丽的爱情故事有关；彝族火把节则是怀念祖先战胜了天神。这组散文歌唱的是白族的火把节。

火把花

六月，火把花染红山村的风。

太阳很辣。

花瓣雨淋湿乡间的路，淋湿热烈的向往。

苍山融化雪的洁白，滋润大理石的花纹。

银子般的溪水，给磨坊和碓房送去芬芳的歌声。

洱海漂满花瓣的云。

这是一个季节的提醒。

一个民族的火的节日就要到了！

是火把花映红了姐姐的脸，还是姐姐的脸增添了火把花的亮彩？

我看见脸红红的姐姐，喜欢站在村头的风水树下向邻村张望。

我知道那个村里有一座古塔。

清晨的雾，漫过塔顶。喜鹊和野鸽子在塔顶筑巢。

月亮挂在风铃上。叮咚的月光。姐姐的耳环。

传说古塔的建造，是为了一位英雄。

他身缚二十四把钢刀跃入蟒腹，杀死巨蟒。

英雄死于蟒腹。

巨蟒被烧成灰烬。和泥造塔，站起一位英雄。

风铃摇碎苍山的雪光，洱海蓝波荡漾。

姐姐不是在眺望古塔吧？

邻村的火把花也开了吗？

我知道姐姐的心思。一定是想邻村的那个阿哥了。

去年火把节那火红的日子。

山村吹响唢呐。

赛马!

蹄声卷起喝彩的浪。

一团云追着一团云。

姐姐的那束火把花,挂在邻村阿哥的马头上了。

邻村阿哥带走了姐姐的心。

姐姐,我知道你的心思了。

火把花烧亮了你的眼睛,姐姐。

火把花烧烫了你的脸,也烧烫了你的心,姐姐。

火把花开了,火把节就要到了。

你在花瓣上数着那个日子。

好害羞的姐姐哟!

邻村的阿哥

我见过你,邻村的阿哥。

一场春雨涨了溪水。卵石间流淌的声音雄壮了许多。堤岸长出鱼腥草、搓搓菜和水薄荷。

我在溪边捉蜻蜓,捉蜻蜓翅膀上的阳光。

杂乱的脚步声震动堤岸,惊飞我的蜻蜓。

一大群人。树苗软软地在肩上飘洒着清香。铁锹闪眼的亮。

那就是你了，邻村的阿哥——

头发飞扬，大声说笑，牙齿好白！

走过我身旁的时候，你朝我做了个鬼脸。难道你也认识我吗？邻村的阿哥！

你们去植树。

刚下过雨，苍山的土疏松了。

小鸟会在你们的树上歌唱吗？

我真的见过你，邻村的阿哥。

是在绕三灵（栽秧前的祈祷仪式）的队伍里吧？你手拍八角鼓，跳得满头大汗。

是在三月街的货棚里吧？你采来苍山的草药，还有好看的树根。在这些草药和树根中间，你和一个藏族汉子在讲什么呢？藏族汉子笑着，露出镶金的牙齿。你比画着，比画着，张开双臂如同雪山的鹰。

是在栽秧的季节吧？唢呐吹奏的"栽秧调"，长高了嫩嫩的秧苗。邻村的阿哥，你们来我们村举办"栽秧会"（换工互助栽秧）了！

"秧旗"高高地竖在田头。

系着彩带、雉尾和铜铃的旗杆。

杆顶的彩绸扎的祈祷"五谷丰登"的升斗。

斜挂在旗杆上的狼牙大旗。

邻村的阿哥，太阳晒红你的脸。水田倒映高高挽起的裤腿和手袖。倒映秧苗，天空，云。倒映鞭炮的脆响和青烟。倒映红的背心和金黄的草帽。倒映狼牙大旗红的笑声，黄的和蓝的笑声。倒映你，邻村的阿哥，你挑着秧苗从田埂上走过……

我一定是见过你了，邻村的阿哥。

而姐姐呢，她看见你的次数，肯定比我还多。

可是邻村的阿哥，姐姐看见你的时候，为什么脸会像火把花一样红呢？

为什么呢？

红指甲

采来凤仙花，姐姐要染红指甲了。

艳红的凤仙花，轻轻捣碎在土罐里。挑起浓浓的汁液涂染指甲，再用一片碧绿的豆叶细细包扎……

染红指甲的姐姐，好漂亮的姐姐！

粗粗的发辫缠绕着红头绳，亮闪闪地盘在头上；发辫下的花头巾飘着雪白的缨穗。月白上衣罩着紫红领褂，浅蓝的围裙束紧你的腰身。

你是吉祥的喜鹊呵，染红指甲的姐姐。

沉静使你端庄。你在想什么呢？姐姐。

是想起了火把节的传说^①吗？

松明楼的火光烧红南诏的天空。怒云翻滚，暴雨扑灭阴谋的狂笑。

柏洁夫人用滴血的十指控诉，滴血的十指染红夫人的坚贞。

美丽的传说流传了千年。火把烧毁罪恶，照亮苍山洱海的欢乐。

姐姐，微笑浸润你的脸颊。你用满脸的羞红染你的指甲。

你满脸羞红。

是邻村阿哥的马蹄声使你心跳加快吗？还是你想起了在蝴蝶泉边唱歌对调子的情景？

哦，姐姐，是不是收到了邻村阿哥的信？

还记得那次在火把花下，你怎样把邻村阿哥的信读成满树红花！

花瓣落在信页上。

落在你的发辫上和头巾上，落在你的肩膀上和仰起的脸上。

满树红花读着邻村阿哥的信，满树红花写着对你祝福的喜悦。

———————

① 古时大理洱海地区出现一些以游牧部落为基础的称为"诏"的小国，最多时有"六诏"。传说蒙舍诏主想吞并其他"五诏"，并企图强占邆赕诏主的柏洁夫人。于是他建了一座松明楼，借六月二十五日祭祖之机，邀五诏主赴宴，然后放火烧死他们。柏洁夫人识破蒙舍诏主的阴谋，劝丈夫不要赴宴，丈夫不听劝阻。柏洁夫人只好将铁钏戴在丈夫手臂上，与之洒泪而别。五诏中计后，柏洁夫人以铁钏为记，双手刨寻夫骨，运回诏内，而且誓不再嫁，投洱海自尽。为了纪念坚贞不屈的柏洁夫人，妇女用凤仙花染红指甲，人们于农历六月二十五日的夜晚点燃火把，此活动后演变为火把节。

姐姐哟，染红指甲的姐姐。邻村阿哥又给你来信了吧？信上一定说了让你害羞的悄悄话。

姐姐哟，染红指甲的姐姐。你染着红指甲，染着火把节的芬芳与圣洁。

挂　红

村头繁茂的风水树前，竖起高高的火把，竖起火把的塔。

砍来苍山上的松树作杆，再用竹片、麦秆和松明捆扎。

插满了五彩的乐呵呵的三角旗，

插满"五谷丰登""人畜平安"的祈祝。

还有纸扎的升斗，

还有彩绳系串的火把梨（当地水果）和乳扇（一种乳食品）。

狼牙旗大声说笑。

红、黄、绿在窃窃私语。

比周城的扎染（著名的印染工艺）还要多彩。

是一棵花树在太阳下盛开。

这时候，人们来"挂红"了。

把一根红丝线拴在火把上，默默地说出自己的心愿。

老人们来挂红了，他们虔诚地插一炷没有点燃的红香。口中念念有词，说的都是"风调雨顺""天下太平"。

大嫂们和小媳妇们来挂红了，红丝线拴不住她们的笑声。祈求生个胖娃娃的，心愿说在红红的脸上，说在同伴们的嬉笑声中。

是谁把两根红丝线拴在一起了？看他们挤出人群，小心地从老人面前走过，躲到大树背后去了。

姐姐，染了红指甲的姐姐，你挂了一根丝线，又挂了一根丝线，你是为邻村的阿哥挂吗？姐姐，不用你说我也知道你的心愿了，你把两根红丝线拴在一起了！

我也来挂红吧，我也拴上我的红丝线。

可是我的心愿实在太多！

我愿苍山的雪永远洁白，溪水漂着花瓣的清香；

我愿洱海的碧蓝放飞朵朵白帆，小鸟歌唱开花的土地；

我愿学校的钟声翻开小学生的课本，白鸽的哨音播撒阳光、吉祥和欢乐；

呵，我愿我快快长大，像邻村的阿哥一样，在过火把节的时候，有个姑娘也会给我挂红丝线……

舞火把

火把们都等待着，焦灼地等待着燃烧的时刻。

终于，唢呐吹响了，铓锣敲响了，火把点燃了！

用人们的心愿和祝福，一位老人和孩子一起点燃了火把，点燃了火把的生命。

雄性地，粗野地燃烧。

火焰很高。

火焰的欢笑。

这时候你看吧！无数的巨大的火把，点燃在苍山洱海间。

鞭炮声燃烧着。铓锣和唢呐的欢鸣燃烧着。沸腾的叫喊声和笑声燃烧着。

祝福燃烧着。

心愿燃烧着。

火把散落无数红亮的星星。

人们来绕火把了。据说，在燃烧的火把下绕三圈，就能消灾得福，吉祥如意。

母亲抱着婴儿来绕火把了，小孙女牵着老奶奶来绕火把了，一对新姑爷新媳妇来绕火把了……

一圈又一圈，人们都来绕火把了！

沐浴过火把的光焰，沐浴过火把飘洒的火花的雨，也沐浴过古老的祝福和新的希望了，人们的欢呼，烧旺了火把。

天越黑，火把越亮。

这时候，人们点燃了自己的火把。

竹片扎的火把，松明扎的火把，用松树枝破成十二瓣（十二个月之意）的火把，在人们手上燃烧成灿亮的花朵，燃烧成真正的火把花！

成千上万的火把舞动起来，人们用燃烧的火把互相祝福；金亮的火星飞溅着火把的花瓣，照亮每一个人，照亮每一颗心。

呵，田埂上，村道上，场院上，都是火把的穿梭飞动，都是人们的欢声笑语！

看，有人举着火把，骑着马飞奔而来了。

是邻村的阿哥！举着火把，骑着枣红马，他在飞奔！

姐姐的眼睛亮了，姐姐也在飞奔。

姐姐的火把。

邻村阿哥的火把。

两支火把相遇了，两支火把燃烧在一起，舞动在一起了！

所有的火把都睁大了眼睛。

所有的火把都为他们祝福。

火把照耀着他们，照耀长长的日子。

姐姐哟，邻村的阿哥哟！

精彩
—赏析—

这组散文诗描写了白族火把节的场景，通过生动的描写和细节刻画，让读者感受到火把节的狂欢氛围和浓郁的民俗气息。作者运用了大量的形象化描写和比喻手法，如"火焰的欢笑""无数的巨大的火把，点燃在苍山洱海间"等，增强了作品的艺术感染力。同时，作者也在其中融入了一些情感的表达，如"姐姐，染了红指甲的姐姐，你挂了一根丝线，又挂了一根丝线，你是为邻村的阿哥挂吗"等，更增添了作品的情感色彩。总之，这组散文章在写作手法和意境等多个方面都表现出了较高的水准和艺术价值。

蓝色泸沽湖

🌷 **心灵寄语**

> 　　每个人的生命都像泸沽湖，盛满了光明和温暖。太阳的温暖、月光的歌唱、湖水的涌动，这些都是我们生命中美好的记忆。即使黑夜来临，我们也要像摩梭人一样拜太阳，感受生命的温暖。

　　题记：滇西北高原的泸沽湖畔，生活着纳西族的一支摩梭人。这些古氐羌人的后裔，至今保存着阿注婚姻和母系家庭的残余。

母亲湖

蓝色！

是蓝天溶化在水里，还是泸沽湖染蓝了天空？

比蓝天还蓝，还酽，还亮！

花丛中飞起一只蓝蝴蝶。

母亲的一块蓝手帕呵。

泸沽湖！母亲湖①！

喇嘛寺就在湖边。红色的，黄色的，袈裟的云飞动。

嫩蓝的水波，吟唱摩梭人《创世纪》的古歌。

迁徙……

一次造山运动。

不可阻遏的滚腾的泥石流。

远古的时候，摩梭人的祖先，从北方向南方迁徙。

是母亲怀抱婴儿翻过了木哈里加大雪山。

母亲的猪槽船（独木舟）踏平金沙江的狂浪。

马蹄激溅朵朵亮灼的火花，映照男人战袍上的怒血。孩子的哭喊声撕开垂天之云，一双皲裂的小手伸向太阳。尘垢改变了母亲的面容，沉默、庄严、坚毅和不屈。

泸沽湖，你是母亲的蓝手帕，抚慰了人困马乏的祖先。

男人把征战的长矛插在地上，立刻长成迎风摇曳的小树。孩子的叫喊声变成千花万卉，湖湾开满鲜花的笑声。

泸沽湖颤抖的柔波荡涤母亲脸上的尘垢。湖面亮洁成母亲的容光。

泸沽湖呵，母亲湖！

---

① 母亲湖：摩梭人称泸沽湖为"谢纳米"，意思是母海。

你用青稞、燕麦和苦荞养育摩梭人。

男人壮硕、高挺，女人很美。

苏里玛酒滋润歌喉。

歌唱大树长成森林，绿荫浓浓。

姑娘戴着野花的灿亮，清香弥漫。

歌唱泸沽湖。

母亲的蓝手帕，摩梭人蓝色的母亲湖！

拜太阳

高原离太阳最近。高原上的摩梭人喜欢太阳。

再大的火把，也照不亮山那边的路。

再热的火塘，也化不掉高山上的雪。

太阳下，蜜蜂驮着花朵的芬芳飞翔。

没有太阳，谁也不知道花朵有多美丽。

太阳下，云雀的歌声从天而降。

没有太阳，熊和豹子的嚎叫使黑夜更可怕。

摩梭人庆幸，在他出生的时候，太阳给他温暖，太阳让他看见母亲的笑脸。

呵，记住长辈的话吧！太阳是天上最能干、最善良、最美丽的女人。有了她，树长高了，花儿红了，鹰的飞翔更有力了！有了她，拉车的马儿更壮了，吃草的山羊更肥了，小孩子也长得更快了！

于是，摩梭人出生后的第三天，就要拜太阳了！

少年拉木支永远记得，母亲曾经告诉他拜太阳的情景。

安详的泸沽湖。水鸽子飞起来迎接太阳。

燃烧的松明火把。

母亲走出来了。

母亲左手抱着婴儿拉木支，右手紧握长把镰刀，还有一根象征长矛的麻秆，还有一页喇嘛经的经书。

镰刀和麻秆，是拉木支避邪驱鬼的武器。经书上写满祈祝平安的经文。当太阳看到拉木支的时候，那温暖的光芒也把经书照亮了。

"太阳呵，保佑你的孩子吧！"

太阳把金光洒在拉木支身上，接受母亲颤抖的祈求和礼赞。

于是，母亲抱着他，拜了东方拜西方，拜了南方拜北方……

经幡拂动。

苏里玛酒、酥油盐茶和猪膘肉 [①]，招待来为婴儿祝福的乡亲。

酒碗举过头顶。

"太阳呵，保佑你的孩子吧！"

祈求的风，掀起泸沽湖的波浪。

少年拉木支说：

哦，远方的客人，请到泸沽湖来吧！摩梭人的火塘会为你烧旺，

---

① 猪膘肉是摩梭人特制的腌肉。

会为你献上苏里玛酒，献上酥油盐茶和猪膘肉。

因为——

摩梭人小时候拜过太阳了，太阳的温暖和血脉，给了摩梭人。

穿裙礼

太阳拜过了，"树保"① 请过了，满月酒也喝过了，摩梭孩子长大了，长到了十三岁。

十三岁，摩梭人的一段生命的季节。

十三岁，摩梭人成年的标志。

据说，只有到了十三岁，少男少女才能从干木女神② 那里获得摩梭人的灵魂，才成为真正的摩梭人，才可以结交阿注③。

呵，摩梭人到了十三岁。

少男要举行穿裤礼。

少女要举行穿裙礼。

一个快乐民族的快乐的礼俗。

---

① 这是为祈祷婴儿平安举行的仪式之一。其过程是：在婴儿降生前，选好一棵果树；婴儿降生后，将其脐带埋于树下，达巴（巫师）祝祷道："树啊，你粗壮结实，果实累累，大雪压不弯，狂风吹不倒，你就做孩子的保护人吧，让他（她）长命百岁！"
② 干木女神是摩梭人崇拜的偶像，亦即爱神。
③ 阿注，意即情人。

熏染着少男少女独有的香气。

依木尕兴奋的脸红红的，像一朵粉团花，要举行她的穿裙礼了！

快嘴的绿豆花雀，把喜讯传遍泸沽湖。

亲友们一大早就来了，达巴和歌手也来了。

祝贺依木尕长大成人——

风读着喇嘛堆上的经幡。

芦笙的欢鸣，染红依木尕的笑声。

金笛吹奏依木尕蓝色的幻想。

阳光很新鲜。

火塘的右边，女柱^①的旁边，依木尕仙女一样出现了。

她左脚踩着猪膘肉，右脚踩着米袋；右手拿着珠串、玉镯和耳环，左手捧着麻纱、针线和麻布——这是说，依木尕不愁吃不愁穿了。

母亲脱下她的麻布长衫。

母亲给她换上成年妇女的衣裙。

绣着花草和飞鸟的腰带扎在腰间了，吉祥的羊毛绳拴在脖子上了，达巴大声祈祷，歌手唱起来了！

多少双明亮的眼睛在称赞她的漂亮。

多少张喜庆的笑脸在祝福她的成长。

_____

① 摩梭人起居有严格的秩序，女子在右，男子在左，房子以房柱为标志分为两个半边。右边的为"攸社梅"，汉译为"女柱"；左边的为"瓦社梅"，汉译为"男柱"。

从此，依木尕就会有一间自己的单独的住屋。

火塘的火不灭。

香叶和花瓣铺垫她的眠床……

羞涩搅乱了依木尕的兴奋。

她和母亲来到泸沽湖边。

波光圣洁、温柔，为她祝福。

湖水幽蓝，水藻碧绿。依木尕看见了自己戴着花冠和珠串的影子。

还有干木女神的微笑，在水波上荡漾……

鱼　棚

猪槽船漂满泸沽湖。细鳞鱼在银色的阳光下跳跃。

每一条船上，都有舅舅和外甥。外甥划船，舅舅撒网。

舅舅呵，外甥的亲人。多少生活的真谛以及欢乐、荣幸、悲苦和艰难的象形文字，写在泸沽湖蓝色的风浪里，还写在湖滩三角形的小小鱼棚上，也写在舅舅的脸上。

鱼棚边，火堆烧旺了。

泸沽湖拒绝了夕照熏染的彩衣。她让阳光睡在湖底，她把猪槽船送回岸边。

天色渐渐黑了。

泸沽湖飘荡着烤鱼的香味。

摇闪的火光，映照舅舅的脸庞。

目光灼亮而祥和。

达若丹把一片烤鱼捧给舅舅。舅舅抚摸他的头。

"舅舅呵——"达若丹在心里说，

"你是我最亲近的男子汉！"

你教我唱摩梭人的古歌。你告诉我，果树第一年结的果子要献给老人。你还告诉我，在路上与老人相遇，要给老人让路。

"舅舅呵——"达若丹在心里说，

"你带我去赶马，你教我认路，在路标石堆上，放上我的一块小小的石头。你教我辨认野兽留在雪地上的足迹，辨认飞鸟的叫声和落在草地上的羽毛。你教我下地弩、设套索，驯养攆山狗。你教我划猪槽船，教我撒网、叉鱼。听说等我举行过穿裤礼，你还要教我唱情歌……"

"舅舅呵——"达若丹在心里说，

"你是我最亲的男子汉！"

这时，月亮升起来了。黄黄的、淡绿色的月亮。泸沽湖盛满月光。

火堆暗红。

湖水涌上沙滩。月光的歌唱。

远处有狗咬，有火光的游动。

那是走婚的人吧？达若丹心跳起来，他感到脸热热的害羞。

水鸟拍打翅膀。

细鳞鱼"哗啦"一声跃出水面。亮闪闪的。

黑的夜。鱼棚灌满了风。

达若丹突然想知道，干木女神睡在什么地方？

有一阵狗叫，是在欢迎舅舅吗？一间木罗子房的门开了。

达若丹孤独地站在湖边。

哥哥在省城上大学。省城也有干木女神吗？

他打开收音机。湖水"哗哗"地响。

有一颗星在湖里跳，很亮，很亮。

精彩 赏析

这组散文生动地描绘了摩梭人的生活和文化，通过拜太阳、穿裙礼等场景，突出了他们独特的信仰和仪式。作者运用细腻的笔触描绘了泸沽湖的美丽、依木尕的少女情怀、舅舅的和蔼可亲等，充分展现了作者的写作功力。同时，作者还通过刻画人物形象、场景描写等手法，传达了对生命、对自然的热爱和敬畏之情，表现了对美好生活的向往和追求。

总体来说，这组散文描绘了一个生动、细致、丰富的摩梭人的世界，充满了对自然、生命、美好的感悟和追求。作者的写作技巧和营造的意境都很出色，值得好好欣赏和学习。

高黎贡山的声音

🌸 心灵寄语

　　无论是懒猴还是小熊猫，无论是巨松鼠还是冬樱花，它们都在自己的世界里用自己的方式展现着自己的美丽。每个人都有自己的特点和价值，无论是什么，都应该以平等和尊重的态度去对待。我们也应该像这些生命一样，用自己的方式，展现自己的美丽，成为真正的自己。

　　题记：高黎贡山，这座北起青藏高原，延绵而来，长达六百公里的大山，被誉为"冰雪长城"，耸立在云南怒江西部的中缅边界。它是那样的雄伟，那样的壮美！当河谷里蝉声一片，木棉树开满艳红的花朵，它的山顶仍然白雪皑皑。这里是生物多样性的博物馆，是国家级自然保护区和联合国教科文组织批准的世界生物圈保护区。在这组散文里，但愿你从花朵们，从小熊猫们的歌唱中，听到高黎贡山的声音。

一品红

我是普通的花，红艳，花期很长。我在这里开放，我陪伴这位女人，还有她的小女儿，还有她的猪，她的鸡和狗。你已经知道，她是守桥人，她守着的这座古老的铁索桥，名叫双虹桥。政府每年给她五百块钱。她守着桥。雷电袭击怒江的夜晚，铁索在暴雨中抖闪，高黎贡山和碧罗雪山的巨石滚落江中。她顶着蓑衣，一任风雨吹打，我花瓣上的雨水飞落在她的脸上。我们总在一起晒太阳。她大概忘记了那些夜里的风雨和惊惧。你看她嗑着葵花子。她的小女儿脸红红的，在吃橘子，一位赶马人给的。她知道桥上有好些木板朽坏了，她担心马匹，还有喝醉酒的赶马人会摔到江里。她男人前几年死在江边。她哭喊着扑过去，跌掉一颗牙齿。她的泪和着满嘴的血流到在江水里。去年，她儿子读初中了。她不能眼巴巴等着政府的五百块钱，她种地。甘蔗、苦荞、向日葵和洋芋，还有果树。连我——一棵普通的一品红，也是她栽种的。她是文山人，她来这里十五年了，守桥是这两三年的事。有时候，我看见她看着江水发呆。我不知道她在想什么，也不知道怎样安慰她。

我是普通的花，红艳，花期很长。

珍珠伞

你没有看见我的花朵，也没有听见我开花的声音。那不要紧。你看见了我，看见了我的果实，对我来说，这就够了。当你喊我的时候，你知道我有多高兴！我的长长的叶片晃动着，我用我果实的眼睛，也就是你们说的"珍珠"，看着你。哦，不知道是谁给我取了这么好听的名字？是怀着怎样的情意，把这个名字给了我啊！"珍珠伞，珍珠伞"，我听着你这样叫我，我感到有一种亲切美好的感情流遍我的全身。是的，我是一把伞，一把珍珠伞。我为我旁边的小草，还有静静地开放的小花遮风挡雨。而为我遮风挡雨的，是我身旁的这些大树爷爷。我们在一起生活。我们互相竞争，我们也互相关爱，互相提携。我们用智慧生长。

记住，你沿着"麦克阿瑟小道"走来，我就站在保护区 107 号柱石旁等你。这条小道，是美国麦克阿瑟家族基金会援助修筑的。从这里，也就是以我为界，你就进入保护区了。啊，我可是高黎贡山的一朵小小的保护伞哟！朝前走吧，去认识更多的植物、动物，你会得到许多幸福。

巨松鼠

我喜欢这片树林，高黎贡山的这片树林。这里树很多，很密。人们这样叫它们：楠木、香樟、铁杉、红椿、鹅掌楸、木莲、红豆杉、大树杜鹃……它们不是一齐发叶，也不是一齐开花。它们的花好看，叶子也好看。那些嫩芽、嫩叶啊，有的黄绿，有的粉绿，有的绛紫，有的橙红……那么嫩，那么害羞的喜悦，用它们的新鲜，呼吸新鲜的阳光。我爱吃的果子就多了，甜的、酸的、酸甜酸甜的，还有香脆的……噫，太好吃了！

这天，我在核桃树上，享用熟透了的泡核桃。来了一群人，大概是中学生。他们戴着小黄帽，走进了林中小道。他们叽叽喳喳，东张西望。大森林的神秘，让他们兴奋，也有点害怕吧。这是肯定的。我在高大的核桃树上，看着他们，欣赏他们。突然响起一片惊叫："黑豹！猴子！"这倒吓我一跳。树枝猛烈地扇着翅膀，缤纷落叶一片哗响。我从这棵树跳到那棵树，惊慌而逃。不过很快我就发现，他们错了，我也错了。他们把我当成了黑豹和猴子。真是的！我有点生气。"吱吱……"我竖起蓬松的大尾巴说道，"你们叫错了我的名字，我很不高兴，很不高兴！"我看见一个大人举着望远镜说："你们吓着它了，它叫巨松鼠。"

我听到一阵兴奋的叫喊："巨松鼠，巨松鼠……"我有点后悔，我不该对他们生那么大的气。不过，我没有出来。我在繁枝密叶间偷看他们。啊，小黄帽，下次见到我的时候，你们还会叫错我的名字吗？

冬樱花

我们叫冬樱花，我们在冬天开放。好多昆明人只知道圆通山的樱花，其实我们的花光，已经染红了昆明的许多街巷。还记得费翔唱的《冬天里的一把火》吗？那就是我们呀，冬樱花。我们燃烧自己。我们释放热情。给细嫩的小草以鼓励。向伟岸的大树致敬。

我们没有明亮又闪烁的大眼睛，我们也不是天上最亮的那颗星星。我们只是给幽暗的山箐一抹亮光，给冬天的山林一点色彩和热闹。最后，我们的花瓣将随风而逝，和所有的落叶在一起。

此刻，我们从一条歌唱的溪水里，看到了我们的影子。嫩红的、娇艳的，是我们自己吗？我们有点顾影自怜了。远远地，我们看见溪水旁边的温泉，氤氲水气，朦胧了泡澡男女的笑声。这高黎贡山真是有趣，融化的冰雪流淌成歌唱的溪水，溪水旁的温泉冒着滚烫的水泡。溪水里，我们洒下嫩红与娇艳的花瓣，洒下祝福。我们嫩红与娇艳的花瓣，随着溪水，在温泉的水泡里旋转。"冬樱花！"我们听到了人们的叫喊，我们摇落一树花瓣……

懒　猴

人们给我取了好几个名字：蜂猴、风猴、懒猴。前两个名字，音同，据说"蜂"和"风"字不同，意思也不一样，我搞不懂。许多人叫我"懒猴"。我懒吗？懒是什么意思？不活跃，不好动？我说你们，看事情怎么只看表面呢？我不大好动，这是真的。我的习惯是白天睡觉，不可以吗？在树洞里，或者就抱着树枝，任凭树枝摇晃。别担心我会摔下来。不，这样的事从未发生过，我舒服着呢。当然，这都多亏我有短粗的一样长的四肢，特别是第二个脚趾的钩爪，像什么来着？像你们说的"锚"，让我稳稳当当地"诗意地栖息"在树上、在林海里。我短小的尾巴很懂事地隐匿在毛丛中，从不碍手碍脚。我的耳朵也很小，干脆用毛乎乎的脑袋来隐藏，烦躁的声音我懒得听。我是树上的一个毛茸茸的果子。我做着我的白日梦。就因为这样，就叫我"懒猴"吗？随便吧，我懒得去想。

其实我懒吗？我不觉得。就算是懒一点吧，有什么不好？都那么忙忙碌碌的，那么急，干吗呢？我喜欢在夜里活动。我有一双又大又圆的眼睛。我捕食昆虫时，出手之快，高黎贡山知道，还难得有谁可以和我争雄。我更知道哪棵树上结着我爱吃的果子。我坐在树丫上，慢慢享用那成熟的美味。当有些猴子去"捞月亮"的时候，有谁知道，我正与山中明月"对饮成三人"呢！又有谁知道，"何夜无月？何处无竹柏？但少闲人如吾两人者耳"！

啊，就叫我懒猴吧，我不生气。

青 苔

我们有丰富的绿色。粉绿、灰绿、水绿、墨绿、金绿、艳绿、苍绿、嫩绿、翠绿、碧绿、浅绿、浓绿……你所向往的绿色，在这条古道上，我们都给你提供。我们用绿色装饰了这条古道，装饰它遥远的梦。这条古道被称为"南方丝绸之路"。它的历史，和它本身的路途一样悠长。它用马帮的铃声，用赶马人的山歌和传奇铺成。你只走了一小段，一小段。我听到你的心跳，听到你的喘息了。我们很高兴你说"青苔"。你蹲下来，是那样惊喜地看着我们。我们也睁大了眼睛，在马蹄窝里，在树干、树桩和裸露的树根上，在土埂、石缝和古藤上，满是我们绿茸茸的温柔。是的，我们只是低等植物，这并不是说我们不重要。据说对我们的研究，至今还是空白。这倒要给科学家提个醒，研究高黎贡山，可别忘了我们。啊，一点尘埃，一点湿润，就有我们——绿色的青苔。

小熊猫

我们不是大熊猫的弟弟，不是。我们小熊猫和大熊猫的区别，不在于"大"和"小"。我们不是同一个家族①。我们是那样的不同。大熊猫的外套，不就是黑白两色吗？这种朴素当然也是一种美。不过，我还是喜欢我们更为华丽的衣装。一身蓬松的红褐毛色，背部细致地渐变为颇有质感的红棕色，配上棕黑色的裤腿，别提多有风度了！我们的骄傲，还有这条独一无二的长尾巴，棕色与白色相间的九节环纹把它装饰得举世无双。是的，我们的"时装步"，那才叫漂亮！"回头率"如何？绝对有无数惊羡的目光。

我们文静。我们喜欢泉水。融化了冰雪，融化了草树和竹叶的清香，融化了鸟儿们的歌唱，高黎贡山的泉水，是那么冰凉，那么甜爽！在吃了许多嫩嫩的竹叶后，我们喝着泉水，有节制地品尝。轻轻地抄起一把，洗洗我们好看的脸和明亮的双眼。当我们从漂着草叶和花瓣的泉水里，看到我们的影子，一种无言的感激，在我们

① 大熊猫属大熊猫科，小熊猫属浣熊科。

157

心里弥漫成对高黎贡山的崇拜……

有时候，我们在山崖上晒太阳。我们枕着我们的长尾巴。高黎贡山的雪峰，向蓝天闪着炫目的银光。鹰的飞翔，把黑色的象形字写在雪山上。风声飒飒。闭着眼睛，我们也能感到竹叶的摇晃。高黎贡山的竹子啊！我想，我们和大熊猫，也许曾经是远亲吧？我们不都喜欢吃竹子吗？啊，来吧大熊猫，到高黎贡山来吧！这里有许多竹子，许多你们没有吃过的竹子。我们欢迎你们来，高黎贡山欢迎你们来。别管你我属什么"科"，我一定会叫你一声"哥哥"！

精彩赏析

这组散章非常具有文学性，通过对自然和动物的描写，展现了高黎贡山的壮美和生命的力量。描写用词细腻，情感真挚，给人留下深刻的印象。作者通过不同的视角，描写了高黎贡山上的不同生物，从而展现了山林的丰富和多样性。同时，作者也展现了自然界中的一种和谐共生的状态，让人感受到大自然的恢宏和壮美。整组散文的语言流畅，意境深远，充满了诗意和哲理。

苹果香

> 生活中有时我们会因为一些小事而感到幸福，比如吃到一颗甜美可口的苹果。这些看似微不足道的小幸福，却让我们感受到了生命的温度。或许我们不能改变整个世界，但可以让自己的生活更美好，让自己的心灵更充实。

近来读魏巍名作《谁是最可爱的人》，在为"最可爱的人"感动时，我的目光也为文末一段话久久停留："当你向孩子嘴里塞着苹果的时候……你是否意识到你是在幸福之中呢？"这句话，竟让我有一种无言的感动，思绪不禁因"苹果"这两个字而弥漫开来。

我的老家在云南宣威的一个小山村。读村小的时候，教我们的李老师，也才刚刚从师范毕业。他长得细高细高的，穿一件蓝布学生装，胸前挂一个大哨子。他教我们所有的功课：语文、算术、唱歌、体育……有意思的是，他还带领我们学习梨和苹果的嫁接。

我们那地方没有苹果树，苹果这种水果也是第一次听到。李老师把"苹果"这两个字写在黑板上教我们大声读、认真写。那时，苹果的"苹"是繁体字，因为很难写，印象反而很深。李老师教我们用花红代替苹果搞嫁接。把花红树的嫩芽取下来，在梨树的枝上砍个斜口插进去，糊点泥浆，用麻丝或者布条裹起来。我们觉得很神秘，也很好玩，兴趣高得很，不过都没有成功。只记住了难以磨灭的三个字：苹果梨。

至于看到真的苹果，那已是很多年之后的事。

不久前，人民教育出版社在昆明呈贡举办了一次"儿童文学与小学语文教学主题研讨会"，我应邀参加会议。闲谈中，我和高洪波聊起三十五年前，我和他参加一次紧张而有趣的"外事活动"：和一位翻译毛主席著作的瑞典女作家座谈。对我和高洪波来说，印象最深的却是桌子上瓷盘里的大红苹果！他和我一开口，不约而同说出的就是当时都不好意思吃的红苹果。我告诉高洪波，会后我大胆地花五块钱，买了五斤红苹果提回家，两岁的女儿欢喜得唱出歌来。我借来一台相机，为女儿拍了几张捧抱着大红苹果的照片。许多年过去了，这些放大的照片，仍然是我们一家甜蜜的回忆、说不完的话题。

现如今，苹果早已不是那些年人们眼中的稀罕物。但是，随着生活的改善和生活品位的提升，人们对苹果，从果型、色彩到口感、新鲜度等，要求越来越高。

2016年9月中下旬，我参加在昆明召开的云南儿童文学阅读与推广座谈会。会上得知，儿童文学评论家孙建江的童年和少年时代，是在以礼河干沟电厂度过的。又恰逢苹果醉红金秋时节，我们便同往苹果之乡昭通。一进昭通，苹果便用独特的甜香，给建江以慰藉。

次日，我们走进昭通一小和昭阳五小，开启"儿童文学阅读推广之旅"。随后，带着孩子们苹果一样红嫩的小脸和开心的笑声，我们赴洒渔，走进昭通苹果最大的交易市场，一下子被苹果的世界、苹果的天地震撼了！

一辆辆满载苹果的大卡车，喇叭声响起，似乎和街道旁、巷子口等待进货的各式大卡车同行打招呼，然后急忙载着昭通苹果的香味纷纷赶路。

满街都是苹果摊，主人们热情招呼行人停下来，尝尝他们的苹果。有人尝他们的苹果，就像到他们家做客一样！

市场设立了专门的苹果交易管理机构，智能化的管理精准快捷。上机场的、上车场的，进货、下货，并然有序。我和一位大嫂边交谈，边品尝她热情递来的苹果。她笑着告诉我，儿子考取了云南农业大学，说是要好好研究昭通苹果，让昭通苹果香溢四海。

带着一身的苹果香，我们离开热闹的苹果交易市场，来到一个叫白草坪的苹果村，一位壮实的果农热情地和我们打招呼，带我们看他的苹果园。他指着山坡上结满通红苹果的果园说："有六七亩呢，已经采摘一些送交收购站。"我们说我们想过过摘苹果的瘾，他哈哈大笑起来："好呀，你们摘，喜欢哪个摘哪个，过瘾嘛，随便摘……"回头朝屋里喊了声："孩儿他妈，拿些袋子来！"一位系着花围腰，穿着绣花鞋的大嫂，拎一些袋子过来。我们各自拿了袋，嘻嘻哈哈，叫叫嚷嚷摘苹果。主人家说，别忙，先吃个饱，现摘的，水灵！我们一边摘，一边吃。我们一个人摘了两大袋，果农夫妇挑了几趟才挑下来。我问果农大嫂，一年下来，能有多少收入？大嫂笑眯眯地说："不多，也就十多万……"我们一听都欢叫起来："哇，这么多呀！"

回昆明后，我查资料才知道，昭通苹果已经有将近八十年历史。20世纪30年代，在浙江大学农科专业攻读的学者陇体芳先生，于1938年春引进十多株苹果苗，种植在彝良拖姑梅。果苗因长途运输，又在昭通放置些时日，脱水严重，只成活两株。数年后挂果，深秋而熟。果皮淡而黄亮，肉质脆而甜香，果汁亦丰沛。于是广为嫁接，到50年代初已有近百株。40年代，又有吴敬漪先生引进另一品种，果形较大，色红。如此不断培植驯化，风风雨雨八十载，从最初的几十株，发展成现在的数十万亩，真是沧海桑田，传奇如斯！

2018年秋，在我家附近的新闻南路，出现一家直接冠名"昭通苹果"的绿色商店。一下子，给这条街增添了独特的色、香、味。我去买苹果，顺便和女老板闲聊。得知她是四川广安人，老公在另一处开店，他们的子女都在昆明读书。我说："你胆大，有气魄。一两百米外就是昆明最大的篆新农贸市场，什么都有……"她立即插话："我这里是昭通苹果专卖店，你闻闻……"哦，我明白了！她卖的就是品牌，就是"昭通苹果香"啊！果然，人们闻香而来。她说一天要卖几百公斤，最多的时候卖一千多公斤。除了零售，外寄的订单也不少。

我不知道昆明有多少个"昭通苹果"专卖店，但我知道昆明人喜欢昭通苹果。

这不禁让我又想起那句话："当你向孩子嘴里塞着苹果的时候……你是否意识到你是在幸福之中呢？"

精彩赏析

这篇散文以作者从魏巍的名作《谁是最可爱的人》中得到的启示为引，穿插了作者的童年记忆、亲身经历和对昭通苹果的感悟，展现了作者对幸福的理解和对生活的热爱。散文用词简洁明了，句式流畅自然，虽然没有复杂的修辞和华丽的辞藻，但却能够让读者产生共鸣和感动。散文通过对昭通苹果的描绘，表达了作者对幸福生活的珍惜之情。总的来说，这篇散文写得很好，情感真挚，值得一读。

踏雪访茶花

> 茶花不怕风雨，但也需要人类的呵护。在我们享受它们的美丽时，也应该尊重它们的生命。

昆明下雪那天，我踏着厚厚的积雪，去弥勒寺公园拜访茶花。

我明明知道，茶花有"十德"，其中之一德就是"耐寒"，不怕风雪。我还是有些不放心。这些年都是暖冬，茶花会不会因环境变了而失其"德"呢？我想，这也许是用人的思维来看茶花吧。人有时候就是会胡思乱想，甚至推己及物。洁白的柔软的雪，在我的脚下"嚓嚓嚓"地响着，是在议论我的胡思乱想吗？我在心里轻轻地开心地笑着。

我们小区就在弥勒寺附近。我经常来弥勒寺公园散步。我走惯了这条路。嵌着许多彩色小卵石的弯曲的花圃小路，已经被人们的脚板磨得如雨花石一样好看。这里有很多花木，不同的季节有不同

164

的花来打扮它。这个季节是茶花的节日。有一次,我和一群朋友到"云南山茶花第一村"——宜良万家凹去采风。我认识了得过"茶花栽培金奖"的茶花王段文斗老人。正在苗圃里为茶花苗翻盆的老人,眼睛清亮,额头上满是细细的汗珠。他告诉我,弥勒寺公园里的茶花,正是万家凹的花农们捐赠的。我眼前一下子出现了在我散步时向我摇曳微笑的灿红美丽的茶花们。我不由得紧紧握住段老先生沾着泥巴的手,只有感激和感动。而此时,下了一夜的雪,茶花们还好吗,安然无恙吗? 我加快了脚步。

公园里有许多人,大多是青年男女。他们夸张地叫着,用雪球追打着。好几年没有很好地见过雪了,我理解他们的兴奋与快乐,同时羡慕他们的青春与热力。我关心我的茶花们。呵,它们很好! 它们保持着它们的美德,它们不怕冷,它们傲雪而开,如明代诗僧担当赞美的"冷艳争春喜烂然",还有林则徐吟唱的"经冬尤喜红山茶"。一团一团的雪,落在干净亮绿的叶片上,落在褐色细腻的枝丫间。大朵的红灼的花,是那么神气的、喜悦的,捧着白的晶莹的雪,捧着它们高贵的品德。它们并不高傲,似乎有些同情被一夜风雪冻僵了,甚至冻熟了蔫巴了的草树苗木。突然,一团雪球飞过来,在我躲闪的当儿,击中了一朵茶花。白的雪和红的花瓣散落在我身旁。我看见几个年轻人在追打嬉闹。抬眼看去,一个穿着黄色羽绒服,胸前挂着一条鲜红围巾的姑娘,正在一株茶花下让男友拍照。那男友叫她把花枝拉近再拉近……一声脆响,花枝折断了，弹落的雪花裹着一团火炭似的茶花落在姑娘的脚下。我凄厉的叫声，淹没在人们的快乐与笑闹中。我默默地看过茶花们，轻轻地感谢它们，祝福它们。当我踏着正在融化的雪，忧郁地走出公园的时候，我觉得茶花们已经原谅了刚才的一幕。茶花是善解人意的。

不过，如果说茶花不怕冷，不怕风雪，那它们怕什么呢？我想。

突然想起昆明郊区白邑乡那几棵珍稀的早桃红山茶古树来。我曾经拜访过它们。那满树红花是何等壮观！映照得周围都润红而鲜亮。可是，不久它们的树枝上就挂满了嫁接的陶罐和塑料袋，像无形中长出满身的肿瘤。没过几年，这些山茶古树就耗尽了生命，壮烈地枯槁而死。本来，茶花是喜欢人们的。人们辛勤地栽培它，培育它。它开出了独特美艳的花朵回报人们。它欢迎人们来欣赏它，赞美它，说它不怕风雪寒冷……但是茶花也会害怕吧？茶花没有说。或者说了，我们没有听懂。我又胡思乱想了。

精彩
—— 赏析 ——

　　这篇散文描写了作者在雪天去弥勒寺公园拜访茶花的经历。散文结构紧凑，内容丰富，既有对茶花的赞美，也有对年轻人的羡慕和对茶花的担忧。作者通过对茶花"十德"之一的"耐寒"进行描述，表现了茶花的坚韧品质；通过对茶花在雪天的开放和美丽的描写，表达了对茶花的赞美和敬仰之情；通过对茶花的描写和自己的思考，表达了对生命的敬畏和对人与自然的关系的思考。整篇散文语言流畅，情感细腻，充满了诗意和哲理性，读来令人陶醉。

感谢音乐

> 音乐是一种能够净化心灵的艺术，能够带来无与伦比的感受。它能够让人们相互微笑，也能够让人与自然互相微笑。音乐的本质是感动人心，使人感到生命的存在和美丽。

音乐是什么？《辞海》上、《音乐辞典》上应该有准确的定义。可是定义是枯燥的，音乐本身却在无与伦比地表达着感情。也许正是音乐之美，使我念念不忘几年前我们一家的南方之行。那是在珠海的"珍珠乐园"。童话式的城堡，红尖顶的房舍，富含弹性的绿茸茸的草坪……我不知道该怎么来描述这一切，那是多么和谐、多么安详、多么恬适、多么亲切、多么情意绵绵地浸润在一汪乐音之中！

音乐的花瓣音乐的雨啊。音乐，把一切净化得那样纯洁。以我的愚笨和对音乐的一知半解，我听出了这乐音是妙不可言的钢琴曲。幼师毕业的大女儿立即补充说，是理查德·克莱德曼弹奏的钢琴名曲《柔如彩虹》！我在路旁的木椅上坐了下来，在女儿疯狂冲浪、玩过山车的时候，我让克莱德曼的手指轻拂我的心灵。我想起远方的妈妈，我好久没有给她写信了。一丝凉风掠过额面，我怀疑是清碧的溪水溅了我一脸。我看见园中的一头大象，竟随着《爱的纪念》的旋律甩动鼻子扇着耳朵，它跳起舞来了！大象，亲爱的大象，你是嗅到草树的清香，嗅到溪水的冰凉了吗？我的眼里浸满了泪水……

是的，音乐使人与人之间互相微笑，同样也使人与自然互相微笑。音乐本质的魅力是叫你感动，使你感到生命的存在和美丽。我买到了两盒磁带：理查德·克莱德曼现代钢琴曲之一的《水边的阿狄丽娜》和《命运》。我让这些轻唤种子萌芽、抚慰小鸟安睡的乐音，一次次地洗涤我的灵魂，一次次让我从浮躁趋于宁静。毫无疑问，我们需要雄壮如军歌的进行曲；也不能少了流畅轻快如《水边的阿狄丽娜》那样的乐音，露水般滴落心头，倾诉人人都有的浪漫情怀。

终于有一天，理查德·克莱德曼来到了春城，来到了我们中间。秋凉之夜，他在春城举办他从艺以来的首次露天钢琴演奏。《蓝色的爱》《梁祝》《我的祖国》……动人的旋律似乎还久久浮悬在滇池上空，萦绕在人们心头。音乐的纽带与芬芳使人们相亲相爱。在钢琴演奏家飞离昆明的时候，人们用感谢音乐的深情，祝他一路平安！

精彩 —赏析—

　　这篇散文通过作者的真实经历和对音乐的深刻理解，生动地诠释了音乐对人的深远的影响。作者在游乐园里，被美妙的钢琴曲所感动，眼前的景象伴随着音乐的节奏，变得愈发和谐、安详、恬适。作者在这样的氛围中，感受到了音乐的独特魅力，不禁让人陶醉其中。文章通过真实的细节，让人产生共鸣，深刻地体现了音乐对人们情感的渲染力。文章同时也表达了作者个人对音乐的理解。作者认为音乐能够净化人们心灵东西，是一种能够让人感到生命存在和美丽的艺术。作者在介绍自己喜欢的音乐时，强调了音乐的多样性，认为音乐不仅需要雄壮如军歌的进行曲，也需要像《水边的阿狄丽娜》那样流畅轻快的乐音。这种个人的音乐理解，也反映了作者对生活的态度——希望生活充满多彩和美好。

孔雀之乡短记

💜 心灵寄语

> 　　在热情好客的人们中，我们可以感受到生命的力量和美好的存在。即使在平凡的日常中，也有可能发现神圣、吉祥和幸福的存在。要抱着敬意和感恩的心态去面对生活，也许我们会在最不经意的时刻，感受到人世间最美好的东西。

题记：德宏，著名的孔雀之乡，芬芳美丽的土地，令人心驰神往。那年泼水节刚过，我有幸在那里采访，写了若干速写式的短章，这是其中之一。

芒市早街

　　芒市，傣语"勐焕"，意即鸡叫的坝子，引申意为黎明之城。在黎明之城，大概是不能睡懒觉的吧？果然，一大早我就被一片嘈杂的小鸟的鸣叫吵醒了。那好，索性看早街去。

六点二十分，天已经亮了。从招待所出来，大青树荫下，仍然是幽暗的。远处浮着淡淡的白而蓝的雾气，村寨和竹林，如水墨画一般。没有下雨，可路面是湿润的——该不会是泼水节泼了许多水的缘故吧？

清脆的单车铃声响着。穿红着绿的傣家卜少（姑娘），用单车驮着新鲜蔬菜，从我身边一闪而过。毕朗（大嫂）们高摇摇地担着竹筐，扭着腰肢——腰间挎着那好看的小竹篓，从我身旁走过。此刻，新鲜如朝霞的人们，骑着车，担着担，或开着拖拉机，从淡淡的晨雾中，从凤尾竹和大青树掩映的村寨涌出来，涌出来，涌向城中的早街市场。

好热闹的早街！竹棚下，摆满了青辣子、白菜、茄子、番茄、莴苣、蒜薹、四季豆、莲花白、洋芋、芹菜、豆芽、豆腐，还有一种叫香香菜的野菜，还有蛋、鲜肉、鲜鱼、活鸡……红、黄、绿、白、青、紫，加上妇女们绚丽耀眼的衣裙，众多的色彩，使我目不暇接。你看，卖菜的、买菜的，是那样和气，就是讨价还价吧，也是亲切的、谦和的。豆瓣、豆芽，甚至香香菜，过秤后，都用芭蕉叶包好，用细细的篾丝扎好。鱼不穿鳃，选好，称好，用潮湿的竹壳包好，扎好——据说这样可以保鲜，再递给买主。走着，看着，欣赏着，多想买一束扎得很好的大蒜或青辣子啊！那是蔬菜，也是花束！

离开早街市场的时候，凤尾竹正钓起一颗又红又大的太阳。朝阳的清香，弥漫在芒市，弥漫在人们心头。

泼水裙

亮定春家院子里的两棵杧果树，已经结满了指头大的杧果，在阳光下，绿宝石般闪亮。春节前夕，北京客人来访问这个小院的主人的时候，早开的杧果花，正吐着芬芳。一个月以后，花谢了，长出了杧果。亮定春家的缝纫业，也有了新的发展。他研制印染的"泼水布"，利用印染时间的长短，浸水的深浅，使颜色由深渐浅，由浓而淡，似水非水，似湿实干，做出来的"泼水裙"非常漂亮，小卜少穿着，宛若出水芙蓉，亭亭玉立。最近，他改进印染工具，花色品种又有了增加，春花、绛红、嫩红、咖啡、天蓝……种种色彩的"泼水布"，如云霞挂满他家的庭院。穿过片片"云霞"，到印染房参观时，亮定春告诉我，他做的"泼水裙"，不仅境内傣族少女喜欢，缅甸的傣族姑娘也喜欢，常有人到芒市来买。听亮定春说，他母亲和大姐，在缅甸都是有名的裁缝。1980年，他回国定居，受到党和政府的关怀，开铺做活，并招收徒弟，办起了缝纫培训班。这位四十六七岁的中年人，高鼻梁，大眼睛，黑红脸，他的话加深了我对他的印象。他已收徒38人，多半是附近农村的姑娘。现在正是麦收季节，都回家做农活去了。只有一个姑娘在踩机子。她是一个星期前从施甸县来看望生病住院的姐姐的，闲下无事，也买了缝纫机来学手艺。她穿起自己缝的第一条裤子，转过来转过去给我看，高兴得不得了。

从亮定春家出来，天已向晚。几个小卜少嘻嘻哈哈笑着从我身边走过，湿漉漉的头发挽得高高的。她们是刚冲凉回来吧？傣族爱美，追求美。生活的富裕，使他们愈加抑制不住爱美、追求美。而在创造美的劳动中，许多勤劳聪明的人，变得更加可爱了。

畹町晨曦

畹町为我国西南国防重镇，与瑞丽合称德宏的两只眼睛。

清晨，中央人民广播电台的新闻准时在畹町广播站播放出来。我一骨碌翻身下床，跑到畹町桥头去看升国旗。

七点钟才升旗。我在"禁区，非出境人员到此止步"的严肃的警示牌下等候。畹町桥我方一侧，用一根铁杆拦着，武警战士在桥头堡持枪站岗。对方桥头堡里空无一人，一棵团团如盖的椿树，罩着褚红色的桥头堡，非常静。我方高高的旗杆，耸立在凤凰树之间。远处的山尖，燃烧着晨曦的红光。

北京时间七点整，在中央人民广播电台"嘟——嘟——嘟"的报时声中，一位英俊的武警战士捧着国旗走到旗杆下，升起了鲜艳的国旗，一直升到高出凤凰树树梢的旗杆顶，一直升到与晨曦相接处。没有风，国旗低垂着，接受战士的注目礼，同时似乎也在报告它从高处看到的边境的安宁……我不知道这位战士的心境如何。我却是激动得热泪盈眶了。当这位战士转身走过来的时候，我不顾一切地迎上去和他握手，就是这双手，刚刚升起了国旗！

在国旗升起来的时候，我看到民族小学的学生们向学校走去；主妇们提着提篮到街上买菜；许多青年人，老年人在跑步，做操；手扶拖拉机轧轧轧响着，广播响着，祖国最边远的小城，和祖国的心脏一起跳动。

一个武警战士提前走到桥头，他举起手臂，注视着手表的指针，那神情是庄严的。八点整，他把铁横杆缓缓拉开……缅甸边民一拥而入，背着山货、兽皮、蔬菜、衣服……大包小包，挑着，用车推着，用手扶拖拉机拉着，从桥上过来，涌进我们的国门。

边防检查站的同志，分列两旁，有时询问一下，甚至帮助推车上坡，十分友好。一些初次过境做生意，或初次入境，或有什么事要办的，排成了长长的一队办入境手续。一般边民不予检查，来往自由。

在打开国门的一瞬间，我拍了照片。抬头一看，不知什么时候，晨曦已化为像眼睛一样深情的、明净的蓝天。我们的国旗，飘拂着，飘拂着。

云　井

七点半离开贺赛乡，到公路上搭车。

清晨，寨子是安静的。牛出厩了，村道上是一堆一堆冒着热气的牛屎。没有风。淡淡的雾气、淡淡的炊烟，笼罩着所有的寨子。瑞丽江边浓厚的云团般的雾，一直漫到远处的山腰。低垂着的一蓬蓬凤尾竹，宛如一群在晨光中漫步的灰象。

公路两边有清清的流水。许多发胖的妇女和身材苗条的小卜少，在河沟里捶打衣物。她们站在水里，任凭筒裙浸泡着。

有的小卜少在河里漂洗秀发。她们鲜艳的影子，和树，和竹丛倒映在水里。还有满天的锦缎般的云霞，也倒映在水里。太阳出来了，一切都是那么奇妙。

搭乘一辆拖拉机到达云井寨子。这个寨子就在公路边。过铁皮桥，路边竖着71号界碑。两位执勤的武警战士，男的姓杨，是楚雄人，当兵已三年；女的姓赵，是宾川人，当兵才两年。他们告诉我，对面这个寨子就是缅甸的蛮旭寨。路口两边，有许多铺面，卖中国百货和日杂用品。门的两边还贴着对联。可惜隔得远，看不清字。想必是他们原为华裔，或是具有中国风俗的缅甸边民吧？

云井寨子前面，有一口井，井水清亮，两国边民共饮。井栏是用水泥浇筑的，圆圆的，磨得溜光。一根打水的竹竿，高高地举着铁皮水桶。不时有人来打水，铁桶碰着井壁，叮当作响。在我和两位执勤人员谈话的时候，双方边民说说笑笑，自由来往。他们出国出境，正如我们从街道这面走到街道那面，从小桥这头走到小桥那头。

一位缅甸姑娘挑着水过来时，小赵笑着请她停下，顺手从桶里舀了一缸水递给我。那水里映着蓝天、白云，十分纯净。云井，是因此而得名吗？我仰着头，咕噜咕噜一饮而尽。这水多清凉，多甘甜啊！我含笑感谢缅甸姑娘，感谢战士小赵。他们让我品尝了边境的水，也品尝了边境的友情。

界碑旁边的凤尾竹，在风中摇曳。竹竿互相摩擦，吱吱呀呀地响着。这响声因风力的大小、方向的不同，也因竹竿的粗细、摩擦的部位不同而变化着，扎扎扎，嘎嘎嘎，响成一片。这是在赞美中缅两国的友谊和"胞波"情意吧？

喊 沙

喊沙，傣语意为大象怒吼的地方。在"孔雀公主"的时代，不用怀疑，这里一定有大象出没，有大象怒吼。而此刻，走在凤尾竹摇晃的村寨，我只能看见傣家竹楼前懒洋洋的看家狗；看到带着一股热汗气从村道上走过的水牛；看到在水沟里嘎嘎嘎扇翅膀的鸭子……就是村民们，也只是在拍电影《孔雀公主》的时候，才看到他们视为神圣的、吉祥的大象！

可是，佛寺里的长老伍并亚温撒却说，他听到大象的吼声了……

喊沙佛寺以其宏大壮观著名，为德宏佛寺之冠。这里有宽敞的场坝。四棵苍劲繁茂的大青树，以它们的庄穆森严，护卫着佛寺的古老与神圣。场坝的一侧，竖立着高高的佛幡，竖立着为泼水节、开门节和关门节而建的佛龛亭阁。银色饰物组成的种种宗教图案，闪闪发光。可以想见十天前人们在这里欢度泼水节的盛况；也可以想见电影《孔雀公主》中的热烈场面：王子召树屯以隆重的仪式，在这里迎接骑着大象而来的喃木婼娜，铓锣响着，象脚鼓响着，孔雀舞、象脚鼓舞翩然旋转……我缓步在场坝上走着，思想却在作超时空的驰骋，从远古，到现实，到未来。要不是一阵老鸹的聒噪扯断了思绪的飘带，我也许还要在场坝上徘徊一些时候。

跟着几个傣家男人，我赤脚登上佛寺的台阶，进入弥漫着浓香的经堂。供奉着的释迦牟尼，看上去像观音菩萨一样温和。佛像两旁摆满金色的、银色的贡品，还有鲜花。几个妇女在轻手轻脚地打扫厅堂。三位长老，端坐在经堂上。我参拜一位叫伍并亚温撒的长老。他五十五岁，目光温和，满脸佛相。经堂里到处挂着他在讲经布道时的照片。我感到一种神圣的威严气氛。伍并亚温撒长老说，十年动乱期间，他到缅甸去了，前几年修复喊沙佛寺时他才回来，他叫我坐下喝茶，问我抽不抽烟。看来，连佛寺长老，也像傣家人一样好客呢！说话间，有七八个从缅甸来的信徒向他膜拜、献礼，听他讲经。不一会儿，他站起来，拿镶在镜框里的奖状给我看，那是政府颁发的。当我注视着佛像前的白象时，他突然问我："这里是大象怒吼的地方，见到大象了吗？"我笑说没有见到。他仰起头，转着佛珠，朗朗地说："我可是听到了灰象的吼声，才回来的啊！"我心里一震，看着他庄重的神色，低下了头。

告别伍并亚温撒长老，我从神圣的经堂走到亲切的村寨。这里有毫不掩饰的富足。木结构的新式"竹楼"一幢接一幢，满眼是镀锌铁皮房顶的闪光。我明白了伍并亚温撒长老的话语。他的确是听到大象的吼声了，听到象征神圣、吉祥和幸福的大象的吼声了。这不是佛语禅机，而是生活的现实。真的，就连再平凡不过的我，也仿佛听到大象的吼声，正从凤尾竹丛中悠悠传来呢！

喊沙民族小学

来到喊沙民族小学，正赶上放午学。一位老师敲着挂在西西果树上的钢管。炸耳的脆响声里，孩子们从教室里吵吵嚷嚷跑出来。有的把书包往树枝上一挂，叫喊着跑到河里去了。学校旁边的小河里，立即响起拍打水花的声音和嬉笑声。有的簇拥着，从我身旁走过，叽叽喳喳说着傣语，融进蔷薇花、绒球花的小径。在明亮的亚热带的阳光下，这些鲜艳如花的傣家孩子们给我以极大的兴奋。随着他们的离开，学校里静寂下来，四周的竹篱草顶教室，像鸟窝一样空荡了。

学校里有六位老师，这时都走了出来。我们在一蓬凤尾竹下彼此介绍，交谈。我的笔记本上，记下了他们的名字：杨德清、阎菊英、丙、熊凤珍、杨爱萍、赵维丽，都是年轻人。只有杨爱萍结婚有孩子了，孩子也只有十个月。奶奶又领孩子，又帮她做饭。她爱人是一位公安人员，在梁河县工作。她想把爱人调到瑞丽市来，报告写了几个月还没有动静。看到她着急，同伴们和她开玩笑，她红着脸跑开了。学校里没有食堂，只有杨爱萍一放学就可以吃到热饭热菜，其他老师还得自己烧火现做。我到过几所民族小学，都是这样。和内地比较起来，边疆的小学老师、中学老师要艰苦多了。我对他们充满敬意。

热情的老师们邀请我和他们一起煮饭吃。他们除住房外，各有一间小厨房，都是竹棚。几位年轻女教师，不仅住房收拾得干干净净，厨房也是整整洁洁的。只是苍蝇多，老鼠多，简直没法治。受她们的影响，或者监督，学校里唯一的男教师，被她们戏称为"独儿子"的杨德清也很爱干净。杨德清矮矮胖胖的，一团和气。他当老师已经两年了，看来他很爱他的工作。他的书桌上，有教科书，有作业本，有教学参考书，也有诗歌和小说，还有一束插在一个罐头瓶里的新鲜的玫瑰花。看来他也很会生活。我到厨房里来，他只让我往火上添柴，其他事不要我插手。不一会儿，他焖热了饭，炸花生米，炒豆腐，炒青辣子，最后又冲了一锅小葱蛋花汤。一阵子忙乎，弄得他满脸通红，鼻尖冒汗。

吃饭了，各人把各人准备的饭菜，汇集到阎菊英的厨房里来，出自五位老师之手的不同的菜肴，摆满了一张方桌。不是什么大鱼大肉，都是普通平常的菜食：白菜、四季豆、花生米、牛干巴、酸菜豆腐、洋芋、辣子、小干鱼……摆在一起是那样丰富，那样新鲜。除了色香味俱全，还有什么呢？还有老师们纯洁美好的心愿。我不是他们的客人，而是他们的朋友。傣族女教师丙，拎来一壶甜酒。花瓷碗里倒了酒，我们举起来，为愉快的聚餐干杯！六个人，一边吃，一边说笑，杨爱萍终于忍不住，抱着小胖儿子来打平伙了。吃了一阵，身热脸红，我请丙跳个舞，大伙儿拍手赞成。她忸怩了一下，放下碗筷，走到场院里，跳起了孔雀舞。几位女老师为她哼着曲调，拍着手打节拍。欢声笑语，吸引了一些早早到校的学生，他们挤着看老师跳舞，也对我这个陌生人指指画画，怕是把我当作新来的老师了。

出来十天，这一天是过得最愉快的一天，这一餐饭也是吃得最好的一餐饭。我将永远记得喊沙民族小学，记得年轻的老师们。

精彩赏析

这篇散文从作者的游历出发，展现了一个充满生机和美好的傣族自治州。作者用生动的笔触描绘了这里傣族的风土人情，展现了当地人民的日常生活和信仰文化。通过与长老、老师等人物的交流，读者可以感受到当地人民的热情和好客以及他们对传统文化和信仰的热爱。

从写作上看，作者对人物和场景都进行了生动的描写。同时，作者也运用了对话的形式，让情节更加生动有趣。

随读随记（二题）

> 淡泊名利，专心致志，追求内心的平静与满足，这是一个人应该具备的品质。只有这样，我们才能在追求美的道路上，成就自己，实现自我价值。

宁　静

周明的《记冰心》，再一次展示了这位世纪同龄人的文品、人品。

淡泊以明志，

宁静以致远。

老人家不止一次地在年轻作者的本子上题赠这两句诗。

这原是诸葛亮《诫子书》中的话。原文是："夫君子之行，静以修身，俭以养德，非淡泊无以明志，非宁静无以致远。……"

这就是说，一个人，如果要成就事业，不摒弃功名利禄的欲望就不能坚定正确的志向，不排除成败得失的干扰就不能实现远大的目标。这也就是说，一个人如果要有所作为，须把个人的名利、得失看得淡泊些，而要看重事业，以事业为重。

冰心，就是这么一个人，一个淡泊宁静的人。

她常常喜欢一个人静下来思索、写作。她与世无争。人民给予她很高的评价和荣誉。她珍惜这些，却并不追求这些。她看重事业，而淡泊个人的名利地位。所以她生活得很平静、很愉悦，也很乐观。她只认为自己是一个作家，而作家，应该以作品赢得读者，取信于人民，服务于人民，别无其他选择。

专心致志地开花

读郭风《牡丹》。

"洛阳花会的牡丹，集中种植于王城公园和牡丹公园的花圃间……牡丹公园离我的下榻处稍远，只到过一次，但在花前流连长久。当时最主要的想法之一，不可随意强加牡丹以所谓花中之王的嘉名。我以为牡丹作为美丽的花，和一切花朵一样，其心灵必定是朴素的谦逊的。如果没有这种品质，不可能专心致志地开放如此灿烂的、纯洁的，如此崇高的各色鲜花。作为美丽的花朵，都以开放花朵为唯一职责，哪里想得到非分的称号呢？"

读这段话，使我沉思良久。我似乎想起一些关于散文诗的概论，散文诗应该是朴素的、谦逊的，如郭风所说是最善于吸收众文体之长的文体。我想作为一个写作者，应该像郭风所说，"朴素的谦逊的""专心致志地开花"，读书、写作。

精彩 赏析

《宁静》一文通过引用诸葛亮《诫子书》中的话以及对冰心的生平事迹的介绍，告诉我们一个人要以事业为重，就要保持内心的宁静与满足。

在《专心致志地开花》一文中，作者引用了郭风《牡丹》一文中的文字，阐述了对于一种美的追求所应具备的品质——朴素、谦逊与专注。

这两篇散文都是作者在读别人文章时所引发的思考。两篇散文都表现出对于专注与专心的追求，强调了一个人要有远大的目标与正确的志向，不能为功名利禄所动摇。

过三苏祠

> 三苏祠因苏家三父子而享誉中外，三苏父子以其卓越的创造才能和辉煌的文学成就，同登"唐宋八大家"之列，三苏父子立身操守，光明磊落，关心国家命运，同情民间疾苦，为了民众做了不少好事。

从乐山往成都途中，要过眉山市。眉山是中国文学史上著名文学家苏洵、苏轼（东坡）、苏辙父子三人的故乡，有"三苏祠"供人参观。中学语文课本上，苏家三父子的作品赫然在焉。对我们中学生来说，苏东坡的大名更是如雷贯耳，他的遭遇，他的诗文，他的豁达，他的诙谐，他的逸事，他的爱好，他的书法，等等，恐怕很少有不知一二的。

吃早点的时候下起雨来，一时间，乐山大佛和三江流水都笼罩在了雨雾之中。八点冒雨登上一辆中巴，人没有坐满就开了。雨刷在挡风玻璃上刮着扇形，把落在玻璃上的雨水刮掉。而像雨水一样飘然而至的苏东坡的诗句，却在我的脑子里活跃起来，什么"竹外桃花三两枝，春江水暖鸭先知"啦，什么"横看成岭侧成峰，远近高低各不同。不识庐山真面目，只缘身在此山中"啦……从这些诗句中，仿佛走来一位浓眉美须体态微胖的老人，他笑着说："小伙子，知道这些诗是什么意思吗？"我微笑不语，和老诗人猜谜语似的互相猜着心中的秘密。忽然见周凡——我同行的少年朋友——看着窗外的雨出神，便推推他说："看什么呢？"周凡也不看我，仍看着窗外，说："看苏东坡的意境。"呀，这家伙蛮高深的啦，忙问他："老弟读过很多苏东坡的诗文吧？""不多。"周凡说着，随口吟出一首《浣溪沙》，"软草平莎过雨新，轻沙走马路无尘，何时收拾耦耕身？日暖桑麻光似泼，风来蒿艾气如薰，使君元是此中人。"这首词我肯定没有读过，就是读过，也背不出来，心中好自佩服，而且庆幸没有在他面前"江边卖水"。忙说："老弟果然'不凡'，苏东坡又该收个门生了，到三苏祠可要请客啦。"周凡笑答："那是当然！"

"三苏祠"说到就到，就在转弯处的路口。

雨停了。"三苏祠"三个字温静地注视着我和周凡，随之幻化成三位老人，捋须颔首，用他们穿越历史的声音欢迎我们："小伙子们，早呀！"我这样想着，竟忍不住也说："三位前辈，早晨好！"周凡一听，心领神会，说了句"别来无恙"，两人相顾莞尔，作为今天的第一批访客，跨进"三苏祠"的门槛，通过时间隧道去追寻一千年前的色彩和声音。

这是一片古色古香的园林。据说是明洪武年间才在三苏故居的基础上改建的。银杏，古柏，苍松，修竹。殿宇高堂，其雕梁画栋，飞阁流丹，恐怕已经改变了旧宅的朴素。原始的三苏故居绝对没有眼前这般气派。在市区不过两平方公里的眉山，这座占地八十亩的园林是够大了。人们可能这样想，只有如此壮观气派的庭院，才足以养育三苏父子这样光耀千古的大文豪吧？

你看殿堂正门上刻挂的楹联"一门父子三词客，千古文章八大家"，说的是一桩文坛佳话。"唐宋八大家"，这个专用名词，我们在课堂上听老师说过了。唐宋两代，写散文的好手恐怕是成千上万吧？可是众星捧月，堪称大家的，只有八个，而苏氏一家就占了三个，好生了得。三个当中，苏东坡的父亲苏洵苏老泉，据说到了二十七岁才发愤读书，在此之前很不用功。周凡老弟对此的解释颇有新意，说苏老泉这时候才"始发愤，读书籍"，是因为他讨了个知书达礼的老婆，怕老婆笑话，更怕不能做子女的榜样，只好静下心来，读书做学问，操练写文章了。周凡老弟此解不无道理。

果然一年之后，苏老泉学业大进，博通经史诸子，下笔为文，千言立就。这件事似乎告诉人们，每个人好比是一块矿石，不论是金矿、银矿、铁矿、铜矿，如果没有冶炼到一定的火候温度，矿石还是矿石，只有到了那个火候温度，是金是银，是铁是铜，就都炼出来了。关键是功夫，也就是火候和温度。苏老泉下够了功夫，他就成功了。就在这一年，他的大儿子苏东坡哇哇哇诞生了。东坡诞生在一个富有文化气氛的环境中，长大了，也像他老子一样"学通经史，属文日数千言"。之后是弟弟苏辙、妹妹苏小妹，相继出生，他们也都是聪明好学的才子才女。苏老泉固然作了榜样，不过对子女进行早期教育的担子，好像还是他的夫人程氏担当得多。他的功劳是为儿女们起名字，专门写出了一篇《名二子说》。我虽然读过这篇文章，但在周凡面前不敢逞能，假意问周凡，苏老泉为什么给两个儿子起名"轼"和"辙"呀？周凡显然看出了我的诡计，说："不知道。你去读他的《名二子说》吧！"这家伙鬼着哩。

我们于是随意在园内浏览。高悬匾额的殿堂内有巨型木刻珍品，其中清代眉州直牧冯会作的《三苏图》，最为精到，三苏父子栩栩欲活。殿前的东西厢房内，有元、明、清及当代书画家的书画，多以苏东坡的诗文意境为题。一帧"东坡自写小像"，让我流流连连，总觉得老先生并没有离开我们，正在和来访的客人品茶下棋，时时传来他爽朗的笑声。在周凡抄录匾额、诗文的时候，我独自漫步回廊。橱窗里陈列着苏东坡的一生。

仁宗嘉祐二年（1057），他和弟弟苏辙，得主考官一代文宗欧阳修的赏识，同举进士，当时苏东坡二十二岁，苏辙十九岁。皇帝读了他们的考卷，说道："朕今日为子孙得两宰相矣！"足见皇帝得才的高兴心情。从此，苏东坡走上政坛，在宦海沉沉浮浮，忽而回京，忽而流放。而在此之前，足足有二十年的时间，他就生活在这个庭院里。他写的《记先夫人不残鸟雀》一文，原意是从母亲不杀生，禁捕众鸟，隐喻朝廷以至官府应该保护平民，不要"苛政猛于虎"，残害百姓。文章第一段的记述描写，使我们看到了这个千年前庭院的情景。他写道："吾昔少年时，所居书室前，有竹柏杂花，丛生满庭，众鸟巢其上。武阳君（苏轼母亲程氏的封号）恶杀生，儿童婢仆，皆不得捕取鸟雀。数年间，皆巢于低枝，其可俯而窥也。又有桐花凤四五百，翔集其间。此鸟羽毛，至为珍异难见，而能驯扰，殊不畏人，闾里间见之，以为异事。此无他，不忮之诚，信于异类也。"这是一种多么幽静的环境，"竹柏杂花，丛生满庭，众鸟巢其上"与人和谐相处，有时四五百只五色灵禽"桐花凤"或飞或停，啁啾在高树低枝，何其美妙！苏氏庭院，简直成了"小鸟天堂"了。

苏东坡就生活在这样一个与自然亲近的充满友爱亲情的环境中。母亲是亲切的，品性高洁的，教诲是循循善诱的；父亲呢，也很和善，又有学问，经常和儿女聚在一起组织"限字吟诗会"。有一次老苏拈出"冷香"二字，要把这二字放在句的末尾，作两句诗，看哪个作得好。他自己先唱道："水向石边流出冷，风从花处过来香。"东坡云："拂石坐来衣带冷，踏花归去马蹄香。"苏小妹接着说："叫月杜鹃喉舌冷，宿花蝴蝶梦魂香。"说到这位苏小妹，民间流传的故事就多了，连《今古奇观》中都有一回她的专门话题呢。传说她嫁给了秦少游（就是秦观），又说她如何在新婚之夜出题目难住新郎由苏东坡解围，至于谈诗对句，简直比她的哥哥苏东坡和苏子由（即苏辙）还要聪颖。有一天，苏东坡和苏小妹同吃炒板栗，小妹道："栗破凤凰见。"意思是说"壳破黄见"。东坡想对一句，一时对不出来，过了好几天也没对出来，急得不好意思见妹妹。结果还是和东坡要好的和尚佛印对出来的，佛印对道："藕断鹭鸶飞。"原来，"凰""黄"同音，"鸶""丝"也同音故成巧对，你说这苏小妹厉不厉害？

家庭环境的这一切，对苏东坡的人生道路无疑都会产生深刻的影响。无论他走到哪里，这个"竹柏杂花，丛生满庭，众鸟巢其上"的庭院，这个和睦的满有情调的家，始终会用脉脉的温情给他以勇气和力量。苏东坡第一次遭受贬谪是到湖北的黄州。没有住处，借住在寺观里，随寺院和尚起伙吃饭，后来弄了块东坡上的荒地，"掘井筑室，躬耕其中"，"东坡"这个名号也就因此地亩而得。当时，他要把一月的用费，预先分为三十块，挂在屋梁上，每天早晨用画叉挑取一块，还要放在大竹筒中，慢慢地用，如有用不完的，还要用来招待客人，可见手头的拮据。然而，绝佳的山水和"弄水挑菜"的劳作，以及和村夫野老的交往，唤起了他豁达的兴致去领略山水的真趣，写下了千古流传的诗文。读读前后《赤壁赋》吧：

清风徐来，水波不兴。举酒属客，诵明月之诗，歌窈窕之章。少焉，月出于东山之上，徘徊于斗牛之间。白露横江，水光接天，纵一苇之所如，凌万顷之茫然。

哀吾生之须臾，羡长江之无穷。挟飞仙以遨游，抱明月而长终。

霜露既降，木叶尽脱。人影在地，仰见明月。

江流有声，断岸千尺。山高月小，水落石出。

这些名句，传唱在一代又一代的少年人心头，使他们感到做一个中国人的荣幸和骄傲。

此刻，我默诵着东坡先生的诗词歌赋，徜徉在一株已有上千年树龄的荔枝树下。绿荫婆娑的荔枝树，据说是苏东坡离家前与亲友共植的送别待归的纪念树。年年荔枝结满枝，却不见"日啖荔枝三百颗"的东坡归来。他多次卷入新旧党争的政治旋涡中，屡遭贬谪，动辄得咎，被人中伤、报复、迫害，起起落落，沉沉浮浮。忽而黄州，忽而徐州，忽而杭州，忽而扬州，最后又以六十高龄，被贬到荒远的琼州（海南岛），并在归途中卒于常州。苏东坡最终没有回到他的故乡，没有回到他和亲友植下荔枝树的故居。但是他是豪放的，他一点也不沉寂。只要有闲钱，他就和朋友们喝酒吃肉，游山玩水，写诗作赋。"明月几时有，把酒问青天。""故国神游，多情应笑我，早生华发。"他高歌抒怀，文如万斛泉源，不择地而出，又如行云流水，"嬉笑怒骂之辞，皆可书而诵之"。他浪迹天涯，把文化的种子、文学的种子播撒在祖国的天涯海角，祖国就是他的故乡，四海就是他的家园。这株千年荔枝只是一种象征。它生长在苏东坡的出生地，生长在苏东坡的衣胞之地，而且又传说是苏东坡和亲友一同种植，它的枝干叶纹间，流淌着苏东坡的血脉，浸透了苏东坡的气息。它代表苏东坡站在这里。我不禁用手轻轻地抚着它承受了千年阳光和雨露，抗击了千年雷电和风霜的树干，一种崇高的景仰，油然涌到心头。

就在这时，周凡笑嘻嘻地走过来。他抄满了一本子的楹联题诗，大概也温习过苏东坡的诗文了。"嗨，老兄，"他叫道，"看我捧来了什么？"凑到我面前的，竟是一捧金黄的细碎花瓣。"桂花！"我惊叫起来，一股清甜的香味扑鼻而来。周凡说："启贤堂前的桂树下，落了一地的桂花呢。这些桂树，是后人为追念三苏父子的文章'天香云外'而专门种植的。"我捧在手上闻着，闻着。在告别"三苏祠"时，我和周凡把桂花抛扬起来撒向天空。细碎的花瓣在阳光下闪耀着，一阵桂花雨飘落下来，芬芳了"三苏祠"，芬芳了我们少年的心。溪光云影，水汽朦胧中，花瓣雨似乎幻化成了无数的鸟儿，飞鸣欢叫，给寂静的"三苏祠"增添了热闹。这些花瓣幻化的鸟儿，不正是"先夫人"不许伤害的那些鸟儿吗？

千古流芳的三苏祠呀！

精彩
——赏析——

　　这是一篇游记类散文。文章通过游览三苏祠的园林、殿堂楹联等，写出对苏家三父子的崇拜。"高悬匾额的殿堂内有巨型木刻珍品""殿前的东西厢房内，有元、明、清及当代书画家的书画"运用了举例子的说明方法，具体说明大殿内的匾对较多，颇有诗情画意。另外文章还用了引用了苏轼的《赤壁赋》，表达了了对苏轼的敬仰之情。最后以"千古流芳的三苏祠呀！"结尾，用感叹的语气写出作者对三苏祠的赞叹。

———————

参考答案

扫码领取
☑ 应试技能　☑ 模拟试卷
☑ 作文精修　☑ 考点突破

★ 试卷作家预测演练 ★

【预测演练一】

1.（1）小巷在大街和高楼后面，是安静的，有一种质朴的安详；逼仄的小巷长满青苔，曲曲折折，栖息着鸽子和燕子。（2分）

（2）云南交通闭塞，而开在小巷里的马店，运输着昆明的物资，马店承载着昆明的记忆和历史。（2分）

（3）在巷头巷尾，小贩的叫卖声此起彼伏，描绘了小巷里浓浓的生活气息。（2分）

（4）作者通过描写美丽安详的昆明的小巷，展现了云南的优美风景和风土人情，表达了作者对昆明小巷的喜爱与赞美。（3分）

2.略

【预测演练二】

1.（1）作者一个来到洱海边，是因为思念远方的妈妈和妹妹。（3分）

（2）因为父亲为了躲抓兵，所以很早就在外面谋生了。（2分）

（3）开放性题目，符合题目要求，语言流畅准确即可。（4分）

2.略

194

【预测演练三】

1.（1）第一段只有短短的一句话，照应标题，点出作者出行目的，引起下文对白水台的描写。（2分）

（2）两种解释，一种是科学的解释，一种是纳西族人浪漫的传说。不管什么解释，都体现了白水台景色的神奇与美丽，让人充满向往之情。（3分）

（3）用第二人称"你"能够拉近与读者的距离，使读者进入角色，好像随着作者一起进入美丽的白水台欣赏美丽的景色，使文章更加生动形象。（3分）

（4）运用了比喻和拟人的修辞手法，描写出白水台的云的可爱与活泼。（3分）

（5）这篇文章通过对白水台景色的描写，表达了作者对白水台的喜爱和对东巴文化的探索。作者运用比喻、想象等手法描绘了白水台的云，充满了诗意和想象力，又展现了东巴文化的神秘，抒发了自己对生命和世界的感悟。（4分）

2.略

【预测演练四】

1.（1）因为普者黑有清澈的湖水、清香的荷花和轻松愉快的氛围，非常适合游湖、赏花和打水仗。（3分）

（2）因为朋友突然有事，来不成。（2分）

（3）鱼虾多（1分）

（4）A（2分）

2. 略

【预测演练五】

1.（1）宜良用彝族话说是"弥宜"，是"山谷间的平坝"，而这个坝子水丰土沃，灌溉方便，盛产稻米，有"滇中粮仓"的美誉，从而引出下文对宜良米的描写。（2分）

（2）运用了白描和动作描写，描绘出了一幅田间劳作图，展现了农人和妇女的勤劳朴实。（2分）

（3）宜良的夏天，是翠绿的，是饱含水汽的，是辛勤劳作的季节。而宜良的秋天是金黄的，是饱满的，是丰收的喜悦。（4分）

（4）随着城市化的发展，高楼大厦、大棚花卉和苗木逐渐取代了宜良坝子的稻田，而宜良坝子中那暖翠大绿和浓重的金黄稻田消失了大半，作者害怕这样的美景再也不见，表达了历史进程中稻田被取代的无奈和惋惜。（4分）

2. 略

【预测演练六】

1.（1）因为作者和朋友们都像小蝌蚪一样，在浩瀚的文学海洋里游来游去。（2分）

（2）因为作者听到舒乙先生在接受作者等人捐赠的书册时说的许多美好的话，觉得自己的作品配不上这样的赞美。（3分）

（3）D（2分）

2.略

— 试卷上的作家 —

初中生美文读本

序　号	作　者	作　品
1	安　宁	一只蚂蚁爬过春天
2	安武林	安徒生的孤独
3	曹　旭	有温度的生活
4	林　夕	从身边最近的地方寻找快乐
5	简　默	指尖花田
6	乔　叶	鲜花课
7	吴　然	白水台看云
8	叶倾城	用三十年等我自己长大
9	张国龙	一里路需要走多久
10	张丽钧	心壤之上，万亩花开

高中生美文读本

序　号	作　者	作　品
1	韩小蕙	目标始终如一
2	林　彦	星星还在北方
3	刘庆邦	端　灯
4	刘心武	起点之美
5	梅　洁	楼兰的忧郁
6	裘山山	相亲相爱的水
7	王兆胜	阳光心房
8	辛　茜	鸟儿细语
9	杨海蒂	杂花生树
10	尹传红	由雪引发的科学实验
11	朱　鸿	高考作文的命题与散文写作

全真模拟考场

高频必刷真题，演练出高分

应试技能直升

阅读专题精讲，考试有高招

"码"上进入

阅读提分
充电站

学 业 提 升 有 计 划

扫码进入

作文精修助手

在线纠错润色，练就范文水平

命题热点课代表

趋势快讯一手掌握，轻松迎战